Knaur.

Knaur.

Über die Autoren:

Werner „Tiki“ Küstenmacher ist ein Allround-Talent. Seit 1990 begeistert er sein Publikum als Autor, Cartoonist, Redner und Schauspieler. Mit „Simplify your life“ stürmte er im Handstreich die Bestsellerlisten.

Marion Küstenmacher ist erfolgreiche Autorin und gemeinsam mit ihrem Mann Chefredakteurin des Beratungsdienstes „Simplify your life®“.

Werner Tiki & Marion Küstenmacher

Love your life!

100 Gründe, warum es sich lohnt zu leben

Knaur Taschenbuch Verlag

Für Helga und Peter

Die Vignetten am Ende jedes Textes stehen für die Autorenschaft:
❁ Werner Tiki Küstenmacher
❁ Marion Küstenmacher

Alle Karikaturen von Werner Tiki Küstenmacher

Besuchen Sie uns im Internet:
www.knaur.de

Vollständige Taschenbuchausgabe Januar 2006
Knaur Taschenbuch.
Ein Unternehmen der Droemerschen Verlagsanstalt
Th. Knaur Nachf. GmbH & Co. KG, München

Umschlaggestaltung: ZERO Werbeagentur, München
Umschlagabbildung: Werner Tiki Küstenmacher
Satz: Renate Lehmacher, Atelier Lehmacher, Friedberg (Bay.)
Druck und Bindung: Clausen & Bosse, Leck
Printed in Germany

ISBN-13: 978-3-426-77774-9
ISBN-10: 3-426-77774-6

2 4 5 3

Es lohnt sich zu leben, weil es jeden Tag einen neuen Grund dafür gibt

„Schlafen wie ein glücklicher Stein. In der Sonne auf einem hohen Stuhl sitzen und mit den Beinen baumeln. Die Butterbreze am Morgen. Seinen Frust gegen Hoffnung eintauschen und damit gut leben. Briefe im Briefkasten, auf denen die Adresse von Hand geschrieben ist. Pfirsiche. Fahrstuhl fahren. Leben statt Lebenslauf. Nach der Klausur alles vergessen können. Jungs, die mir Einhörner malen. Kullernde Abschiedstränen. Die Dinge ernst zu nehmen ohne ernst zu werden. Ananas im Regen essen. Von Ritter Lanzelot getröstet werden. Schokoladeneis von der ‚Wundertüte' am Kirchplatz essen. Ein Lächeln von unerreichbaren Mädchen. Freunde übers Internet finden. Direkt am letzten Schultag wegfahren. Morgens im Obstgutgarten stehen. Omi und Opi. Das unglaubliche Gefühl, richtig gehandelt zu haben. Frisch geduscht in frischer Bettwäsche einschlafen. Lachen ohne Zahnspange. Dass alles immer ganz anders sein könnte. Gänsehaut vor Aufregung. Schwimmkerzen auf dem See aussetzen. Mit der Hand abends eine nasse Hecke berühren. Pingpong spielen, bis es stockdunkel ist. Mamas alte Ohrringe finden. Wissen, wo man hingehört. Grünes Chinapapier an den Fenstern haben. An früher denken und lachen müssen …"

Diese kunterbunte Liste stammt aus dem (mittlerweile eingestellten) Jugendmagazin *jetzt* der Süddeutschen Zeitung. Leserinnen und Leser konnten ihre ganz persönlichen Grund nennen, warum es sich für sie zu leben lohnt. Zustande kam eine wunderbare Demonstration dafür, wie viel Glück, Zufriedenheit und Lebenssinn wir aus kleinen oder alltäglichen Dingen schöpfen können. Alles, was man dazu braucht, ist die Gabe, den Augenblick und sein Geschenk an uns zu erfassen. Je geübter Sie darin sind, desto leichter wird es Ihnen fallen, sich in der obigen Auswahl an guten Gründen wiederzufinden oder sie – wie wir in diesem Buch – mit eigenen Bildern und Worten zu ergänzen.

Es lohnt sich zu leben, weil wir einander so viel verdanken

Der amerikanische Schriftsteller und Pionier eines einfachen Lebens Henry David Thoreau stellte sich jeden Morgen nach dem Aufwachen die drei gleichen Fragen: 1. Was ist gut an meinem Leben? 2. Worüber kann ich glücklich sein? 3. Wofür sollte ich dankbar sein?

Thoreaus Erfahrung: Die Antworten auf diese drei Fragen stimmen einen schon am Morgen freundlich und positiv. Sie fördern das Vertrauen in den eigenen guten Weg und erinnern uns an gute Erfahrungen, die wir mit uns selbst oder anderen Menschen machen konnten. Wenn Sie Thoreaus Konzept im Selbstversuch ein paar Wochen lang überprüfen, können Sie folgendes feststellen: Die Antworten auf Frage 1 und 2 bringen nicht immer gleich gute Ergebnisse. Sie sind stimmungsabhängig. Aber Frage 3 ist ein Volltreffer. Ganz egal, wie schwer Ihr Tag auch zu werden droht, wie traurig oder erschöpft Sie auch sein mögen, es finden sich garantiert immer ein paar Dinge, für die Sie dankbar sein können. Das Gefühl der Dankbarkeit stärkt Ihre Abwehrkräfte und hebt Ihren Lebensmut.

Dankbarkeit ist eine Lebenskraft, die bis ins hohe Alter reicht und Früchte bringt.

Anthony de Mello erzählt die Geschichte von einem alten Mann, der in seinem Garten tiefe Löcher grub. „Was machst du da?“ fragte sein Nachbar. „Ich pflanze Mango-Bäume“, lautete die Antwort. „Willst du etwa Früchte von diesen Bäumen essen?“ „Aber nein, so lange werde ich doch gar nicht mehr leben. Aber andere werden da sein. Ich habe mein Leben lang Mangos von Bäumen gegessen, die andere gepflanzt haben. Ich statte hier nur meinen Dank ab.“

Wer dankbar für etwas ist, was er empfangen hat, ist ein Freund der Vergangenheit. Wer aus Dankbarkeit dafür wieder etwas Gutes tut, ist ein Freund der Gegenwart. Wer anderen zeigt, wie viel wir alle einander verdanken, ist ein Freund der Zukunft.

Es lohnt sich zu leben, weil man die Dinge einfacher nehmen kann, als sie sind

Friedrich Nietzsche gilt als der am meisten zitierte Philosoph der Welt. Manche verkennen ihn etwas, denn der Pfarrerssohn aus Sachsen hat zu Glaube und Religion ein sehr distanziertes Verhältnis gehabt.
Fotos zeigen ihn als mürrisch dreinblickenden Herrn mit Furcht erregendem Riesenschnauzbart. Aber Nietzsche hat ein paar augenzwinkernde Lebensweisheiten parat, die mir gut gefallen. Am besten finde ich einen Satz von ihm, der einen ermuntert, die Welt mit den Augen eines Philosophen zu sehen. Es ist ein Satz, der in unserer immer komplizierter werdenden Welt ganz besonders aktuell ist. Er lautet:
Ein Denker versteht sich darauf, die Dinge einfacher zu nehmen, als sie sind.
Und zum Beweis, dass der alte Denker Nietzsche diese Weisheit auch selbst durchgezogen hat, hier noch ein Zitat von ihm, das mich immer wieder freut und entspannt, wenn ich es lese:
Die wirklich guten Dinge im Leben haben etwas Lässiges. Sie liegen wie Kühe auf der Wiese.

Es lohnt sich zu leben, weil wir wegwerfen dürfen

Wenn man es endlich geschafft hat, irgendeine dunkle Ecke im Kleiderschrank oder ein verstaubtes und vergessenes Kellerregal auszuräumen und Nützliches und Schönes von Überflüssigem und Hässlichem zu trennen, dann kommt ein herrlicher Moment. Man packt allen Schrott zusammen, stopft ihn ins Auto und bringt ihn zum Sperrmüll. Dass es diese wunderbaren Orte des Loslassens überhaupt gibt, ist wirklich ein Geschenk. Man stelle sich vor, wir müssten all die zu engen Jacketts, angeschlagenen Tassen, kaputten Lampen, zerschlissenen Sessel oder durchgelegenen Matratzen unser Leben lang behalten! Nein danke, weg mit dem Ballast!
Die Wohnung atmet nach einem solchen Befreiungsschlag sichtbar auf. Aber warum sollte eigentlich nur unser äußeres Zuhause eine solche Entschlackungskur verdient haben? Manchmal sollten wir darum auch unsere Seele entrümpeln. Was sich da über die Jahre alles angesammelt hat! Neben Kostbarem lagert da auch eine Menge Lebensballast. Überladen mit Bildern, Erfahrungen, Urteilen und Wissen aus der Vergangenheit. Und für das, was dieser Seele heute wesentlich und wichtig ist, ist kein angemessener Platz da. Also, nur Mut!
Das Rezept heißt: Heute will ich mich von etwas Vergangenem trennen, damit in meinem Herzen Platz wird für neue Erfahrungen und Einsichten. Werfen Sie ein Vorurteil weg. Es hat sich nicht bewahrheitet oder Sie am Leben gehindert. Und warum nicht auch gleich noch eine alte Sorge, sie hat sich viel zu breit gemacht in all

den Jahren. Den meisten „Seelenmüll" produzieren Vorwürfe, die Sie gegen jemanden erheben. Die aufzugeben bedeutet wahrscheinlich für jeden Schwerstarbeit, aber es lohnt sich! Es bereitet Freude, auf diese Weise innerlich leer zu werden. Denn auf Ihre Seele wartet der Hochgenuss, sich wieder freier und unbeschwerter bewegen zu können.

Es lohnt sich zu leben, weil man sich eine Viertelstunde schenken kann

Viele Unglücke passieren nur, weil jemand glaubt, er hätte keine Zeit. Ein Autofahrer will ein paar Sekunden sparen, überholt an einer völlig unübersichtlichen Stelle – und schon kracht's. Oder einer will noch den Bus erreichen, stolpert, stürzt auf die Bordsteinkante. Selbst wenn kein Unglück geschieht – diese kleine Hetze um ein paar Sekunden kann einen ganz schön krank und muffig machen.

Deswegen mache ich Ihnen einen Vorschlag: Schenken Sie sich morgen eine Viertelstunde. Sie brauchen nur eine Viertelstunde früher als sonst aus dem Haus zu gehen, oder Sie geben bekannt, dass Sie eine Viertelstunde später nach Hause kommen. Und dann verteilen Sie diese 15 Minuten, in ganz kleinen Stücken. Da will jemand mit seinem Auto einbiegen, und Sie lassen ihn vor. Schauen Sie auf die Uhr. Das kostet Sie ... 30 Sekunden. Also haben Sie noch vierzehneinhalb Minuten. Im

Supermarkt ist jemand hinter Ihnen, will nur eine Flasche Mineralwasser und einen Leberkäs kaufen. Lassen Sie ihn vor. Das kostet, sagen wir mal, 40 Sekunden, und Sie bekommen dafür ein aufrichtiges Dankeschön.
Und so weiter. Sie werden sehen, die Viertelstunde hält ganz schön lange. Der Unterschied zwischen einem gehetzten Sekundengeizhals und einem großzügigen Zeitverschenker beträgt pro Tag vielleicht gerade mal zehn Minuten. Glauben Sie nicht?

Es lohnt sich zu leben, weil Sie einmalig sind

Ein großartiger Grund zu leben ist das Gefühl, einzigartig zu sein. Etwas ganz Besonderes und Einmaliges. Können Sie das von sich sagen? Oder vergleichen Sie sich gelegentlich mit anderen Menschen? Ach, wäre ich nur so attraktiv, so selbständig, so klug, so charmant, so geschäftstüchtig, so locker wie ... Vergleiche führen schnell zur Abwertung und wecken den Neid. Wenn er erst angefangen hat, in Ihr Herz zu kriechen, kommen schlechte Stimmung, Traurigkeit und Missmut bald hinterher.
Damit sich das Leben wieder gut und lohnenswert anfühlt, sollten Sie dem Neid und seinem scheelen Blick entschieden und selbstbewusst ein Ende setzen. Kopf hoch und Augen auf für das Besondere an Ihnen selbst! Was macht Ihre Persönlichkeit aus? Worin liegt Ihre

ganz besondere Gabe? Was ist Ihr Talent? Wenn Sie es nicht selbst wissen, haben Sie das Recht und die Pflicht Ihre Freunde zu fragen, was Sie Positives oder gar Einmaliges an Ihnen entdeckt haben. Bitten Sie um Ehrlichkeit und um etwas Konkretes. Dass man Sie einfach gern hat, genügt in diesem Fall noch nicht.

Ist Ihr Selbstvertrauen wieder hochgepäppelt, kommt ein zweiter Schritt. Der kann Sie etwas Überwindung kosten, aber dafür werden Sie den lästigen Neid wirklich los. Der Tipp kommt vom großen Geheimrat Johann Wolfgang von Goethe: „Gegen die großen Vorzüge anderer hilft nur – Liebe." Drehen Sie den neidischen Blick um in eine Gabe: das Besondere in anderen zu entdecken, so wie es Ihre Freunde vorher bei Ihnen getan haben. Dann können Sie die Vielfalt der Begabungen in Ihrem Umfeld genießen und sich an der Einzigartigkeit Ihrer Mitmenschen erfreuen. Und das ist viel lohnender als ein neidisches Herz.

Es lohnt sich zu leben, weil es so schön chaotisch ist

Stellen Sie sich vor, Sie arbeiten in einem Krankenhaus. Auf Ihrem Schreibtisch finden Sie zwei Kurven, die den Herzschlag von zwei Patienten zeigen: Eine zeigt lauter gleiche Abstände, regelmäßig wie ein Uhrwerk. Die andere Kurve zeigt heftige Ausschläge; mal schlug das Herz schnell, mal langsam, mal völlig durcheinander. Welche davon ist die Kurve eines Schwerkranken? Vermutlich die mit den wilden Zacken.

Falsch. Denn unregelmäßiger Herzschlag ist Zeichen für Normalität, für ein gesundes Herz, das auf die verschiedenen Anforderungen des Alltags reagiert. Im konstanten Gleichmaß dagegen schlägt das Herz, wenn der Körper in Gefahr ist. Dann konzentriert er alle Kräfte nach innen, und die Organe machen sozusagen „Dienst nach Vorschrift".

Gesundheit bedeutet eigentlich, dass alle Kräfte im Gleichgewicht sind. Aber dieses Ziel wird niemals ganz erreicht. Gott sei Dank. Denn absolutes Gleichmaß gibt es erst, wenn wir tot sind. Solange aber die Naturgesetze ihren Spielraum zwischen Chaos und Ordnung voll ausschöpfen, bis an ihren Rand, ist das Leben.

Es lohnt sich zu leben, weil wir im Herzen Platz für Freunde haben

Wie würden Ihre Freunde Sie beschreiben? Als weitherzigen Menschen oder eher kleinlich und engherzig? Ein enges Herz haben, ist etwas sehr Trauriges, weil dann in unserem Inneren ein Gefühl der Armut vorherrscht. Wo aber so wenig zu sein scheint, können wir niemanden in das Innerste unseres Herzens eindringen lassen. Es reicht ja kaum für uns selbst. Und so verschließen wir uns vor anderen. Sogar vor unseren guten Freunden.
Die alten Ägypter nannten einen guten Freund „Akib“. Übersetzt heißt das: „Derjenige, der eindringt in das Innerste meines Herzens.“ Wer sein innerstes Herz einem Freund, dem Akib, öffnet, bekommt ein „breites Herz“. Was für die alten Ägypter nichts anderes bedeutete als „Freude und großes Glück“. Bis heute spielt der Akib und das Geschenk der Freundschaft eine große

Rolle im Orient. Der Wert der Freundschaft wird so hoch eingeschätzt, dass man auch Gott selbst Akib, guter Freund, nennt. Er dringt ein in das Innerste meines Herzens und macht es groß für die Freude und das Glück. Eine innige, treue Freundschaft dehnt und weitet also das Herz. Je breiter, weiter und offener unser Herz wird, desto mehr Liebe, Freude und Glück kann es fassen, fühlen und weitergeben. Die Freundschaft hat ihm geholfen, zu seiner eigentlichen Bestimmung zu finden.

Es lohnt sich zu leben, weil die Stille so still ist

Stille ist ein seltsames Phänomen. Obwohl wir sie gerne beschwören und uns nach ihr sehnen, vermeiden wir sie gewöhnlich so sehr, dass man meinen könnte, wir hätten vor nichts mehr Angst als vor der Stille. „Es ist still um ihn geworden" ist bei Prominenten eine freundliche Umschreibung von „der ist völlig out". Ein Satz wie „Die ist immer so still" steht oft für „von der kommt doch nie was". Es scheint, wir kennen von der Stille nur die Schattenseite und wüssten zu wenig von der heilsamen Kraft der Stille, wie sie der dänische Philosoph Sören Kierkegaard im Blick hatte: „Wenn ich Arzt wäre und mich jemand fragte: Was meinst du wohl, was getan werden sollte? – Ich würde antworten: Das Erste, die unbedingte Bedingung dafür, dass überhaupt etwas getan werden kann, also das Erste, was geschehen muss, ist: Schaff Schweigen, hilf anderen zum Schweigen!"

Das heilsame Schweigen ist freiwillig, nicht erzwungen. Es ist eine klare Stille, die aus dem Innehalten kommt. Eine gelassene Stille, die uns zum Wesentlichen führt und dort nährt.

Von dieser heilsamen Stille, die aus dem Schweigen kommt, erzählt eine alte orientalische Geschichte: Ein weiser Lehrer saß einmal versunken in den Zustand der Verzückung, als einer seiner Schüler zu ihm kam und mit ihm diskutieren wollte. Der Lehrer sagte nur ein einziges Wort: Stille! Und sein Schüler war still. Er ging nach Hause und blieb still. Er sprach überhaupt nicht mehr. Jahrelang. Aber irgendwann fing sein Schweigen an, laut zu sprechen und hell zu strahlen. Sein stilles Denken wurde zur Inspiration. Sein stilles Lächeln wurde zur Wohltat. Sein stiller Blick heilte Wunden. Sein stilles Leben lud andere ein, sich eine Weile im Schweigen auszuruhen und das Reich der Stille zu genießen. Seine unerschöpfliche Stille war ein fürstliches Geschenk für alle, die in dieser lauten Welt nicht alleine zur Stille gefunden hatten. Deswegen wurde er von den Leuten dankbar und respektvoll der König der Stille genannt.

Wer diese Art von Stille versteht und schätzt, hat einen guten Grund, für den es sich lohnt zu leben.

Es lohnt sich zu leben, weil wir jeden Morgen bei Null anfangen können

Die bedeutendste Erfindung in der Geschichte der Mathematik ist die Zahl Null. Ein Zeichen für das Nichts. Was uns heute selbstverständlich vorkommt, hat in der Menschheitsgeschichte eine sehr langwierige Entwicklung benötigt.

Am wichtigsten war dabei, die Null zu begreifen als erste Zahl einer Reihe: Null, 1, 2, 3, 4 und so weiter. Das ist die positive Null, der Startpunkt am Anfang der fortlaufenden Zeit. Es ist, so hat es der Philosoph Joseph Needleman gesagt, die amerikanische Null. „Bei Null anfangen, mit Nichts beginnen. Das ist die Idee Amerikas. Wir beginnen nur mit unserem eigenen Verstand, unserer eigenen Sehnsucht, unserer eigenen Suche."

Ich denke, dass es so eine „amerikanische Null" nur geben kann, weil im menschlichen Denken diese Art von Null enthalten ist. Wir können das Nichts als Verlust sehen, als Leere und Öde. Aber wir tragen in uns auch den Keim der „amerikanischen Null", die stille Freude über das leere Blatt, das Gespür für die Kraft, die in einer unbesiedelten Weite steckt. Die „amerikanische Null" ist eine Null voller Hoffnung und Zuversicht. Und ein guter Anfang, weil er das Eigene in uns fördert.

Es lohnt sich zu leben, weil wir „Wow!“ sagen können

Wenn ich den nächtlichen Sternenhimmel anschaue, hat das eine äußerst beruhigende Wirkung auf mich. Das Universum strahlt Stille aus und eine majestätische Ruhe. Betrachtet man sich einen einzelnen Stern mit einem halbwegs guten Fernrohr, stellt sich das schon anders dar: Innerhalb weniger Sekunden hat sich der Stern im Blickfeld bewegt, und schnell ist er ganz aus dem Ausschnitt verschwunden, so dass man das Fernrohr korrigieren muss. Die Erde dreht sich, mit über 1 600 Stundenkilometern. Gleichzeitig fliegt sie mit 100 000 Stundenkilometern um die Sonne. Die ganze Schöpfung, die so ruhig um uns herum erscheint, befindet sich in atemberaubender Bewegung. Die Sterne, die wir ruhig am Himmel stehen sehen, fliegen in Wahrheit mit enormem Tempo durch das Nichts des Weltalls.

Selbst wenn wir eine idyllische Naturszene betrachten, rasen dabei die Lichtwellen mit 300 000 Kilometern pro Sekunde auf die Netzhaut unserer Augen. Mit der gleichen Geschwindigkeit schwingen die Atome unaufhörlich.

Die Schöpfung ist ein gigantisches Lebewesen. Wir sind ein Teil davon und erhalten unsere Energie aus dem großen kosmischen Tanz. Wie alle anderen tanzen wir ihn mit, aber als einzige können wir dabei rufen: „Wow! Danke!"

Es lohnt sich zu leben, weil die einfachen Dinge die schönsten sind

Im Amerika des 19. Jahrhunderts lagen über die Bundesstaaten Kentucky und Maine verstreut 19 Shaker-Dörfer, deren rund 1000 Bewohner einer Lebensphilosophie folgten, die gleichermaßen von Pragmatismus und Frömmigkeit geprägt war. Die religiöse Gemeinschaft der Shaker glaubte, dass man die vollkommene Schönheit des Himmels durch ein einfaches und reines Leben auf die Erde holen könne. In ihrer Arbeit und in ihrem Alltag spielte das Gebot der Schlichtheit eine wichtige Rolle. Schlicht sollten die Gebrauchsgegenstände sein - aber nicht hässlich. „Stelle nichts Unnötiges und Unnützes her; das Notwendige und Nützliche aber mache auch schön." So lautete die ästhetische Faustregel der Shaker. Unter dieser Prämisse erfanden sie die hölzerne Wäscheklammer, den Drehstuhl, die Kreissäge oder die Samentütchen. Ihre Möbel waren zeitlos schöne Stühle, Tische und Bänke, die wie alle anderen nützlichen Dinge auch von Hand mit höchster Sorgfalt hergestellt wurden. Der Shaker-Stil verzichtet auf jedes unnötige Detail. Die Formen von Möbeln, Schachteln oder Besen werden von

ihrem künftigen Zweck her entwickelt. Dieser Pragmatismus verleiht den fertigen Dingen eine große Ausstrahlungskraft. Ein Shaker-Stuhl ist so ganz und gar ein Stuhl, dass man beim Betrachten das Gefühl haben kann, noch nie einen schöneren Stuhl gesehen zu haben. Schönheit und Schlichtheit sind eins geworden, ein Grund, sich von Herzen zu freuen, wie es in einem alten Shaker-Lied heißt: „Ein Leben in Schlichtheit zu führen ist eine Gabe, frei zu sein ist eine Gabe, am richtigen Platz zu sein ist eine Gabe, und wenn wir uns am richtigen Platz befinden, werden wir Liebe und Freude erleben."
Erklären Sie heute einen einfachen Alltagsgegenstand in Ihrer Wohnung zum Repräsentanten dieser Lebensfreude, die aus der schlichten Schönheit kommt. Wann immer Sie ihn sehen, haben Sie Grund genug, sich an das Lied der Shaker und ihre einfache Weisheit zu erinnern. Es ist ein Geschenk, einfach zu sein. Es ist ein Geschenk, frei zu sein. Es ist ein Geschenk, dort anzukommen, wo man hingehört.

Es lohnt sich zu leben, weil die Schokolade nicht verboten wurde

Die Geschichte vom Schokoladenpapst spielt im Jahre 1569. Die Reformation in Europa war in vollem Gang, und in der katholischen Kirche herrschte Krisenstimmung. Man probierte es mit vielem, unter anderem mit der Verschärfung der Fastenregeln: kein Fleisch, kein Fisch, kein Ei. Gleichzeitig kamen spanische Nonnen in Mexiko auf die Idee, von dem eigenartigen einheimischen Gebräu Xocoatl das schaumige Fett abzuschöpfen und es mit Vanillezucker zu vermischen. Das war die Geburtsstunde der Trinkschokolade, die allen Fastenregeln entsprach, und bald darauf fanden zur Fastenzeit in der neuen Welt regelrechte Süßwarenorgien statt.

Das war den Bischöfen in Rom ein Dorn im Auge, und sie brachten das Problem vor Papst Pius V. Als man ihm ein Tässchen der umstrittenen heißen Schokolade zum Probieren kredenzte, da fand es seine Heiligkeit so grässlich, dass er es ausspuckte und verfügte: „Dies Getränk bricht das Fasten nicht." Pius war ein geschickter Krisenmanager, ein gefürchteter Inquisitor, der viele Bücher auf den Index setzen ließ, ein auch gegen sich selbst strenger Mann. Und ausgerechnet er wurde zum entscheidenden Wegbereiter der beispiellos erfolgreichen Schokolade – nur weil er persönlich Süßigkeiten hasste.

Möglicherweise bleibt ja auch von Ihnen etwas in guter Erinnerung, das Sie ganz nebenbei gemacht haben. Eine Tat, die viel unperfekter war als alle Ihre gut gemeinten Werke.

Es lohnt sich zu leben, weil die Welt so unvollkommen ist

Pflanzen können nicht laufen. Um dauerhaft zu überleben, müssen sie aber dafür sorgen, dass ihre Nachkommen an weiter entfernten Orten wachsen. Ein Problem, das sie mit den grandiosesten Konstruktionen ihrer Samen lösen. Wir kennen die Fallschirme des Löwenzahns, die Sprungfedertechnik des Springkrauts oder die Pollen von Blütenpflanzen, die bei ihrem Verteilsystem auf die Flugrouten der Bienen vertrauen.
Bemerkenswert finde ich die Methode der Haselnuss. Sie produziert äußerst nährstoffreiche, feste und hervorragend lagerfähige Früchte, die nur interessant sind für Kleinsäugetiere. Die Haselnuss vertraut nicht nur darauf, von Eichhörnchen und Haselmaus gesammelt und eingelagert zu werden. Sie vertraut bei ihrem exakt eingefädelten Fortpflanzungsprogramm auch darauf, dass Eichhörnchen und Haselmaus dabei *nicht* exakt arbeiten. Würden die Nagetiere alle Nüsse restlos verputzen, wären die Samen der Haselnuss verloren. Ihre Chance ist, dass die Tiere einige ihrer Vorratskammern vergessen oder nur halb ausräumen.

Mir gefällt es, dass auch die Unvollkommenheit zur Schöpfung gehört. Unsere Vergesslichkeit, unsere Launen, unsere Fehler, vor allem die ewig wiederkehrenden – es gibt immer wieder viele Gründe, sich darüber aufzuregen. Aber auch sie sind Teil eines großartigen Systems.

❁

Es lohnt sich zu leben, weil jeder Tag mit einem Vormittag beginnt

Auch wenn man die ganzen Ferien lang eine Nachteule ist und den Vormittag lieber mit Ausschlafen im Bett verbringt, so muss man doch ehrlicher Weise zugeben, dass diesem Murmeltierleben etwas fehlt. Aber was eigentlich? Die Anzahl der Stunden, in denen man wach ist, ist ja in etwa gleich geblieben, sie hat sich nur in die Nacht hinein verschoben. Was man als Langschläfer versäumt hat, was dann unwiederbringlich verronnen ist, war der Morgen eines neuen Tages.

Der Vormittag hat seine eigene Philosophie, stellte Friedrich Nietzsche fest. Nur in seinen ersten Stunden verströmt er ein Licht, das uns „lauter gute und helle Dinge zuwirft". Die Freigebigkeit der Frühe, ihre Frische und Zuversichtlichkeit, ihr reines Leuchten auch nach einer dunklen Nacht, das ist die Morgengabe eines Vormittags. Die frühen Stunden reinigen den Geist, mobilisieren den Körper, fördern das Nachdenken, und führen auf heiterem Wege zur Entschlusskraft. Man kann sich auf dieser „Energiewelle" durch den Vormittag tragen lassen und unglaublich viel erledigen dabei. Das Ergebnis: Eine kompakte, gesättigte Fülle und Zufriedenheit, zusammengetragen in wenigen Stunden, wie es keine andere Tageszeit hervorzubringen versteht.
Hektik gehört, wohlgemerkt, aber nicht dazu. Im Gegenteil! Zur „Philosophie des Vormittags" gehört für Nietzsche ein stilles, gleichmäßiges Vorwärtsgehen, das je nach Tagesform einmal fröhlich, dann wieder nachdenklich sein kann. Der Philosoph des Vormittags ist ein Wanderer, der seine Freude am Wechsel hat, nirgends hängen bleibt und darum wirklich Fortschritte macht. Sein Lohn liegt im „Gleichmaß der Vormittagsseele", die „zwischen dem zehnten und zwölften Glockenschlag ein so reines, durchleuchtetes, verklärt-heiteres Gesicht" hat – wie der Vormittag selbst.

Es lohnt sich zu leben, weil wir glücklicherweise Macken haben

Wenn ein Mann und eine Frau sich in einander verlieben, dann geschieht das nur selten gleichzeitig. Einer der beiden verliebt sich zuerst, und er muss um den anderen Partner werben.

Der Mensch hat dabei viele Möglichkeiten, und die schönsten davon sind Verstand und Phantasie. Beides sind Gottesgaben, die wir durchaus auch zu diesem Zweck mitbekommen haben. Es gibt eine schöne Anekdote, die von dieser himmlischen Phantasie der Liebe handelt:

Moses Mendelssohn, der Großvater des berühmten Komponisten Felix Mendelssohn-Bartholdy, war ein feiner Mensch, aber von hässlicher Gestalt. Seit seiner Geburt war er mit einem Buckel gestraft und wurde deswegen viel gehänselt. Eines Tages besuchte er einen Händler in Hamburg, der eine wunderschöne Tochter namens Frumtje hatte, und Moses verliebte sich unsterblich in sie. Es dauerte etwas, bis er es endlich wagte, sich ihr zu erklären.

Frumtje muss geschockt gewesen sein und konnte wohl nur mühsam ihre Abneigung gegenüber dem hässlichen jungen Mann verbergen. Aber Moses blieb hartnäckig, und fragte die Angebetete: „Glauben Sie, dass Ehen im Himmel geschlossen werden?“ „Oh ja“, antwortete die fromme Frumtje, und Moses fuhr fort:

„Bevor ein Junge geboren wird, so gibt ihm Gott noch im Himmel bekannt, welches Mädchen er zur Frau bekommen wird. So wurde auch mir meine zukünftige

Braut gezeigt, und Gott sagte: ‚Deine Frau wird besonders liebenswert sein, aber leider wird sie einen Buckel haben.' ‚Oh nein, Gott!', rief ich zu ihm, ‚das wäre furchtbar. Ich bitte dich, mach sie wunderschön, und gib *mir* den Buckel!'"
Bald darauf heirateten die beiden, und führten, so wird erzählt, eine lange, glückliche Ehe.

Es lohnt sich zu leben, weil der Teufel nicht singen kann

„Die Musik hat von allen Künsten den tiefsten Einfluss auf die Psyche. Ein Gesetzgeber sollte sie deshalb am meisten unterstützen." Dieser Satz stammt nicht von einem Psychologen oder Juristen, sondern von Napoleon. Heute hat die Musiktherapie seine Ansicht bestätigt:

Musik, und dabei ganz besonders das Singen, fördert die Persönlichkeit besonders stark. Schon bei Babys beschleunigen Wiegenlieder die Persönlichkeitsentwicklung und Kreativität, weil sie ihre linke und rechte Hirnhälfte benutzen müssen, um den Gesang zu verstehen. Kleinkinder nutzen das eigene Singen bereits, um sich selbst Mut zu machen, Situationen zu erinnern und ihre Gefühle zum Ausdruck zu bringen.

Wer gerne singt, entwickelt auch ein besseres Körpergefühl, weil er von Melodie und Rhythmus angeregt wird, sich zu bewegen.

Aus dem Klang Ihrer Stimme kann man aber auch Ihre augenblickliche Stimmung erkennen. Freude, Schwermut, Ärger, Begeisterung verändern eine Stimme. Ganz egal, wie Sie sich gerade fühlen, Ihre Stimme ist ein klingendes Hologramm Ihrer Person. Inzwischen haben wissenschaftliche Frequenzanalysen Erstaunliches ergeben. So stimmen zum Beispiel Menschen, die miteinander sprechen, ihre persönlichen Stimmfrequenzmuster aufeinander ab – aber nur, wenn sie sich mögen und gut verstehen. Wenn man dagegen sehr traurig ist oder eine Depression hat, verändert sich die eigene Stimme zum Negativen hin. Sie wird „stumpf“ und büßt ihre hohen Obertöne ein. Da hilft nur eines: dagegen ansingen! Schon Schiller empfahl in „Die Macht des Gesanges“ Lieder gegen Kummerfalten einzusetzen. Und tatsächlich scheint der Gesang heilsame Energien in uns zu wecken. Über 50 Prozent aller Erwachsenen fühlen sich allein schon nach etwas Singen besser. Singen schenkt Freude, es verringert Angst, es baut Stress ab. Singen reduziert Trauer, senkt Schmerzen und vertreibt Müdigkeit.

Ein wahres Wundermittel steht uns da zur Verfügung. Was der Seele so gut tut, kann nur vom Himmel sein: „Tausend Künste kennt der Teufel, aber singen kann er nicht; denn Gesang ist ein Bewegen uns're Seele nach dem Licht."

Es lohnt sich zu leben, weil manchmal die Zeit stehen bleibt

Haben Sie schon einmal im Kino, während eines wirklich beeindruckenden Films, auf die Uhr geschaut? Wahrscheinlich nicht. Denn in diesem Moment wäre die Illusion vorbei. In diesem Moment würden Sie merken, was da noch alles gleichzeitig abläuft: Draußen geht das Leben weiter, während hier Bilder auf eine Leinwand projeziert werden.
Alle großen Momente in unserem Leben sind einfache Momente. Beim ersten Kuss zum Beispiel. Da schien die Zeit still zu stehen, da liefen nicht mehrere Dinge parallel, sondern da war ich ganz gefangen von diesem einzigen Ereignis.
Man kann von solchen großen Momenten lernen, wie das Leben wieder einfacher und klarer werden kann. Einfach ist das Gegenteil von mehrfach. Die Sucht, mehrere Dinge gleichzeitig tun zu wollen oder sogar tun zu müssen, das ist die Hauptursache für ungesunden Stress und Unzufriedenheit. Eine Aufgabe ist gut, und sei sie

noch so schwer. Aber ein Stapel mehrerer Aufgaben, die alle eigentlich getan werden müssten, während man sich nur einer von ihnen widmen kann, das ist die Hölle. Jesus war einmal bei zwei Schwestern eingeladen. Maria, so hieß die eine, hörte ihm zu. Die andere, Marta, wirbelte währenddessen in Küche und Haushalt herum, beschäftigt mit zig Aufgaben. Jesus sagte es klipp und klar: „Marta, Marta, du machst dir viele, viele Sorgen. Notwendig aber ist nur eins. Maria macht es einfach richtig."

Es lohnt sich zu leben, weil das Leben wichtiger ist als Gesetze

Ich habe mal gezählt: 156 Verkehrsschilder sehe ich auf meinem Weg zur S-Bahn, und der ist gerade mal 1000 Meter lang. Wenn man normal schnell mit dem Fahrrad fährt, heißt das: alle zwei Sekunden ein Schild. Bei der Fahrt mit dem Auto, mit dem Sie vielleicht gerade unterwegs sind, da ist das manchmal gar nicht mehr messbar. Die Verkehrsschilder sind dabei nur die sichtbare Spitze eines riesigen Eisbergs – alles soll bis ins Kleinste juristisch geklärt sein. Wie überleben wir nur in so einer mit Regeln und Vorschriften zugepflasterten Welt? Eine ähnliche Situation gab es zur Zeit Jesu. Unzählige Gesetze der jüdischen Frömmigkeit sollten jede Kleinigkeit des täglichen Lebens regeln. Und was hat Jesus gemacht? Er hat auf die Menschen geschaut, nicht auf die Gesetze. Die Gesetze sind um der Menschen willen da, hat er gesagt, und nicht umgekehrt. Das führte dazu, dass er manchmal – um der Menschen willen – gegen unsinnige Gesetze verstoßen hat, etwa Kranke am Sabbat geheilt, obwohl das damals verboten war.

Also ich sage damit nicht, dass Sie jetzt mit 80 Stundenkilometern durch die Tempo-30-Zonen brettern dürfen. Aber verlieren Sie vor lauter Verkehrsschildern auf den Straßen und vor lauter Vorschriften im eigenen Kopf nicht das Bewusstsein, wofür all das einmal gedacht war: als rücksichtsvoller Schutz für uns alle, formuliert mit einem liebevollen Blick auf den Menschen.

Es lohnt sich zu leben, weil es den Frühling gibt, den Sommer, den Herbst und den Winter

Die vier Jahreszeiten bilden einen großen Kreis, in dem die Schöpfung ihre Schönheit entfalten kann. Jede Jahreszeit geht aus der vorigen hervor und lebt in der folgenden weiter. Alle vier sind großartige und weise Lehrer. Wenn man den Wechsel von Werden und Vergehen in der Natur meditiert, lernt man auch, mit diesen einfachen Prozessen im Leben bewusster umzugehen. Man nimmt sich selbst wahr als zu einem Ganzen gehörend, in dem nichts verloren geht und immer wieder Kraft sich regt.

Der Wechsel zwischen den vier Jahreszeiten vollzieht sich meistens nicht abrupt, sondern so selbstverständlich und leise, dass wir es kaum wahrnehmen. Man kann sagen, dass die Natur die richtige Einstellung und ein fantastisches „Zeitgefühl" für den Wechsel hat: Alles darf auf seine Weise und zu seiner Zeit aus der Mitte wachsen. Die Natur lässt sich nicht drängen. Sie lässt sich aber auch nicht aufhalten oder fixieren. Anders als wir Menschen sucht sie nicht nach Dauer, sondern erlaubt sich beständigen Wandel. Fließen, Strömen, Wachsen, Ineinander Übergehen, Reifen, Sich Auflösen, Neu Beginnen – in den vier Jahreszeiten kann man lesen wie in einer Landkarte, mit der man die Himmelsrichtungen im eigenen Leben verstehen lernt.

Die vier Jahreszeiten und ihre Rituale von Wachsen, Blühen, Vergehen helfen, das Jetzt zu heiligen, Übergänge zu gestalten, Abschiede zu verkraften und glückliche Augenblicke mit anderen zu teilen. Wer den Frühling, den Sommer, den Herbst und den Winter gleichermaßen schätzen kann, der erhält als Lohn eine fröhliche Gabe: die permanente Bereitschaft, sich so viele einzelne strahlende Augenblicke im Leben bewusst zu machen, wie es nur geht. Die Natur setzt freundlich ein Zeichen, der dankbare Mensch erwidert das Lächeln der Jahreszeiten und mehrt damit seine Daseinsfreude. So ist die Freude, wie Rainer Maria Rilke es ausdrückt, „einfach eine gute Jahreszeit über dem Herzen".

Es lohnt sich zu leben, weil wir sympathisch sind

Helen Mrosla ist Lehrerin an einer amerikanischen Grundschule. Das ist ein Beruf mit vielen Auf und Abs, bestimmt nicht viel anders als an einer Schule bei uns. An einem Freitag, an dem es mal wieder besonders hektisch und unruhig zuging, erfand Frau Mrosla eine Beschäftigung für ihre Klasse: Jeder sollte eine Liste schreiben mit den Namen aller anderen Schüler und dahinter Platz lassen. Dann sollten sie an das Sympathischste denken, was sie von jedem ihrer Klassenkameraden sagen konnten, und es hinter dem Namen aufschreiben.

Das funktionierte. Die Schüler wurden ruhig und schrieben. Als die Stunde beendet war, gab jeder sein Blatt der Lehrerin. Am Samstagabend schrieb sie den Namen jedes Schülers auf ein einzelnes Blatt und listete dort alles auf, was die anderen über den jeweiligen Schüler gesagt hatten. Am Montag gab sie jedem Schüler seine Liste. Manche waren zwei Seiten lang. Bald lächelte die ganze Klasse. Die Übung hatte ihren Zweck erfüllt. Niemand erwähnte später diese Listen wieder.

Jahre später wurde einer der Schüler in Vietnam getötet. Die ganze Klasse kam zur Beerdigung, und auch die Lehrerin war dabei. Danach trafen sich alle bei den Eltern des gefallenen Soldaten, und die zeigten Frau Mrosla, was ihr Sohn in seiner Uniformjacke bei sich getragen hatte: zwei abgegriffene Notizzettel – die Liste mit all den guten Eigenschaften, die seine Klassenkameraden über ihn aufgeschrieben hatten. Da öffnete eine ehemalige Mitschülerin ihre Handtasche und zeigte, dass sie ihre Liste auch immer bei sich hatte. Es stellte sich heraus, dass jeder seine Liste aufbewahrt hatte.

Es lohnt sich zu leben, weil es glücklich macht, glücklich zu machen

Patrick Josef Kennedy (1857–1929), der Großvater des berühmten amerikanischen Präsidenten John F. Kennedy, stammte aus einer verarmten irischen Familie, die Mitte des 19. Jahrhunderts nach Boston ausgewandert war. Patrick war der eigentliche Begründer des riesigen Kennedy-Vermögens, das sein Enkel John später im Rücken hatte, als er sich in den amerikanischen Präsidentschafts-Wahlkampf stürzte.

Großvater Patrick war ein typisch amerikanischer Selfmademan, der seine Kreise immer weiter auszudehnen verstand. Er verdiente sein Geld zuerst als Kneipenbesitzer, hatte später das Amt eines Telegraphenbevollmächtigten inne, stieg zum Chef der Bostoner Feuerwehr auf, saß als Mitglied im Senat von Massachusetts und bekleidete dazu zahlreiche andere Ehrenämter. Patrick Kennedy übte seinen Einfluss aber nicht nur zum eigenen Nutzen aus. Er war bekannt dafür, dass er sich um jeden Bittsteller kümmerte, der sich an ihn wandte. Patrick half bei der Arbeitssuche und unterstützte Hilfesuchende durch Empfehlungsschreiben. Für ihn war es eine Art freiwilliger Selbstverpflichtung. Patrick Josef Kennedy hatte sich seine Lebensmaxime auf eine Plakette gravieren lassen, die er über seinem Schreibtisch aufhängte: „Ich werde nur einmal durch diese Welt gehen. Jede Gefälligkeit, die ich tun kann, all das Gute, das ich erweisen kann, lasst es mich jetzt tun. Denn ich werde diesen Weg nicht noch einmal gehen." Einen solchen Großvater zu haben, wünschen sich sicher viele. Selbst einer solchen Großvater-Weisheit folgen kann aber eigentlich nur jemand, der spürt, was der wahre Lohn einer solchen Lebenseinstellung ist.

Es lohnt sich zu leben, weil Sie Ihre Zuneigung nicht zu drosseln brauchen

Stellen Sie sich einmal vor, Sie müssten einen Dokumentarfilm über Vögel machen. Vor Ihnen liegen Unmengen von Filmmaterial, von geduldigen Tierfilmern über viele Monate hinweg aufgenommen: Vögel, die Futter suchen, miteinander spielen, brüten, dasitzen – und dann entdecken Sie eine Szene, wo ein paar Vögel streiten und aufgeregt über einander herfallen. Klar, die nehmen Sie, um den Zuschauern etwas zu bieten. Der harmonische, aber langweilige Rest wird weitgehend herausgeschnitten.

Eigentlich gemein. Und so beschwerte sich der israelische Forscher Amotz Zahavi tatsächlich über die wachsende Zahl von Tierdokumentationen, die nach Holly-

wood-Muster zusammengeschnitten wurden. Zahavi beobachtete viele Jahre lang den arabischen Graudrossling, und sein erstaunliches Resultat: Bei dieser Tierart setzen sich diejenigen durch, die nicht kämpfen, sondern die am zärtlichsten sind und sich für andere selbstlos aufopfern. Im Vogelstaat der Graudrosslinge wird der Netteste zum Ranghöchsten erhoben.
Inzwischen weiß man, dass das bei vielen anderen Tierarten ebenso ist. Nicht der Stärkere überlebt, sondern der, der zusammenarbeitet und andere unterstützt – auch wenn es dazwischen einmal zu Kampfszenen kommt. Lassen Sie sich also nicht täuschen vom Zeitraffer eines Films, der den brutalen Ausnahmefall überdimensional vergrößert. Und auch nicht von Ihrem eigenen Mitschnitt des Lebens: Da gibt es lange Strecken, in denen Sie von anderen Menschen versorgt und getragen wurden, ganz unauffällig und still. Schneiden Sie diese Stücke nicht heraus.

Es lohnt sich zu leben, weil es Buttersauce und feinsten holländischen Kakao gibt

In den Werken bedeutender Geistesgrößen findet sich so manche kleine Bemerkung, welche Freude sie an kleinen Dingen hatten. „Dinge, die trotzdem sie klein sind, für ihn das Leben oder doch des Lebens Bestes bedeuten", wie Theodor Fontane es formulierte. Der englische Schriftsteller J. B. Priestley stellte 1949 sogar einen eigenen Band („Delight") zusammen, in denen er die kleinen Freuden aufzählte, die zu seinem Vergnügen beitrugen. Dazu gehörten so einfache Dinge wie ein Frühstück mit Eiern und Speck zu verspeisen, einen Krimi im Bett zu lesen, mitten am Tag die Hände in den Schoß zu legen und die Faulheit zu genießen oder seine Zeit mit Kindern zu verbringen.

Kurt Tucholsky beschreibt seine „kleine Freude Nr. 72" folgendermaßen: „Wenn noch eine Kleinigkeit Buttersauce übrig geblieben ist und anderthalb Kartoffeln, und alle haben schon aufgegessen... aber man kann sich da noch einen kleinen Privatbrei auf dem Teller zurecht machen. Erfreut sehr und schmeckt auch sehr gut." Auch der Dichter Robert Walser findet sein kleines Glück im Kulinarischen: „Frühmorgens erquickt sich meine Daseinslust an feinstem holländischen Kakao."

Der Kirchenvater Augustinus plädierte für andere Genüsse: „Lerne tanzen", riet er, „sonst wissen die Engel im Himmel nichts mit dir anzufangen." Der Philosoph Nietzsche freute sich am meisten über die Stille: „Das Wenigste gerade, das Leiseste, Leichteste. Einer Eidechse Rascheln, ein Hauch, ein Husch, ein Augenblick. Wenig macht die Art des letzten Glücks. Still!"

Jeder dieser klugen Köpfe verstand die Kunst, im Alltag die kleinen Dinge und Momente zu entdecken, die uns wirklich Freude machen und Lichtblicke im täglichen Einerlei bedeuten. Dazu muss man nur wissen, was einen entzückt und erfreut. Am besten, Sie stellen sich eine persönliche Liste kleiner Vergnügungen zusammen mit Ihren liebsten einfachen Freuden und Genüssen. Der Dramatiker Bert Brecht hat uns seine hinterlassen: „Duschen, Schwimmen, alte Musik, bequeme Schuhe, Begreifen, neue Musik, Schreiben, Pflanzen, Reisen, Singen, Freundlich Sein."

Es lohnt sich zu leben, weil das Leben so herrlich normal ist

Wie sah Ihre letzte Woche aus? Nichts Besonderes passiert, eigentlich alles ganz normal? Dann darf man Ihnen gratulieren. Sie haben ein kleines Wunder erlebt, vielleicht ohne es zu wissen. Unzählige Menschen sehnen sich nach einem ganz normalen Leben. Es lohnt sich, den Alltag neu schätzen zu lernen und im Normalen das Besondere zu entdecken. Etwa nach dem schönen Satz „Das Normale ist die normale Art Gottes, Wunder zu tun".

Ein ganz normaler unspektakulärer Tag enthält zahllose verborgene Wohltaten, die wir aus lauter Gewohnheit zwar kaum noch wahrnehmen, aber dennoch tagtäglich erfahren: Sie wachen in einem richtigen Bett auf, hatten die ganze Nacht über ein schützendes Dach über dem Kopf. Die Heizung funktioniert, das Bad ist kuschelig warm, das Wasser beim Duschen erst herrlich heiß, dann

erfrischend kalt. Sie können ein frisch gewaschenes Hemd aus dem Schrank nehmen und anziehen. In aller Herrgottsfrühe bekommen Sie beim Bäcker um die Ecke eine neue Zeitung und frische Brötchen. Ein Nachbar, der seinen Hund ausführt, grüßt Sie freundlich. Ist das nicht ein fantastischer Anfang für einen ganz normalen Tag? Ist es nicht großartig zu wissen, dass das Normale ein Privileg ist, das uns täglich gewährt wird?

Und wie großartig, wenn Sie am Abend sagen können: Es war ein Tag, an dem niemand in der Familie krank war. Ein Tag, an dem Sie Arbeit hatten und genug zu essen. Ein Tag, an dem Frieden im Land herrschte. Ein ganz normaler Tag meines Lebens, kostbar für mich wegen seiner Verlässlichkeit und Tragfähigkeit. Kostbar aber vielleicht auch um eines winzigen Augenblicks willen, der mir etwas ganz Besonderes gewährt hat, wofür ich dankbar sein kann. Ich muss sie nur sehen, die geheimnisvollen Offenbarungen des Alltags, wie sie da auf mich gewartet haben, gut versteckt in einem ganz normalen Tag, an dem es sich einfach lohnte zu leben.

Es lohnt sich zu leben, weil wir einfach die Blickrichtung ändern können

Wenn wir uns das Paradies vorstellen, reisen wir in Gedanken meist weit fort. Irgendwo im Süden, im Orient oder in Afrika, da könnte es Gartenlandschaften geben, die wahrhaft paradiesisch sind.

Auf einen ganz anderen Gedanken hat mich eine Ägypterin gebracht, also eine Frau aus dem ewig sonnigen Afrika. Die war zum ersten Mal hier in unserem Land und hat erzählt:

„Ihr Deutschen lebt im Paradies!“ Und sie meinte damit nicht unsere Kaufhäuser oder unsere kulturell wertvollen Bauwerke. Nein, sie schwärmte von unserer Natur: „Ständig verändert und verzaubert sich bei euch alles. Bei uns in Ägypten dagegen ist es immer gleich. Bei euch gibt es im Winter Rauhreif und Schnee, Nebel, Regen, Graupel und Hagel.“

Und sie erzählte weiter von den Jahreszeiten: „Da wer-

den bei euch die toten Bäume lebendig, sie blühen und bekommen frische junge Blätter. Im Sommer ist alles grün, und im Herbst wechseln die Bäume ihre Farbe. Ein Wunder! habe ich gedacht, als ich das zum ersten Mal gesehen habe.“
Man wird durch Gewohnheit blind für die Wunder, die man tagtäglich erlebt. Wir reisen gern in die Ferne, um das Paradies zu sehen. Dabei ist es gar nicht weit weg.

Es lohnt sich zu leben, weil es so viel Platz gibt auf der Erde

Der Mensch hat die Erde erobert. Das ist allmählich in unserem Bewusstsein verankert. Fünf Milliarden Menschen überbevölkern unseren Planeten. Und wenn wir

an die Erde denken, kommt sie uns verhältnismäßig klein vor. 40 000 Kilometer Umfang hat sie. Eine Strecke, die viele Menschen mit ihrem Auto pro Jahr zurücklegen.
Aber es ist gut, sich ab und zu einmal die wahre physikalische Größe der Menschheit klarzumachen. Wenn man alle fünf Milliarden Weltbewohner dicht nebeneinander stellen würde, so dicht wie in einer vollbesetzten U-Bahn: Dann würde die gesamte Menschheit auf einer Fläche Platz haben, die etwa so groß ist wie der Bodensee.
Nehmen Sie einmal einen normalen Globus. Den Bodensee werden Sie dort vergeblich suchen. Er ist zu klein für diesen Maßstab, er wäre gerade ein etwas dickerer Stecknadelstich. Und auf diesem Stecknadelstich steht die Weltbevölkerung und kommt sich ganz allmächtig vor.
Ich will nichts verharmlosen. Das bisschen Menschheit hinterlässt zum Teil entsetzliche Spuren auf diesem Himmelskörper. Aber ab und zu, finde ich, ist auch die kosmische Perspektive ganz heilsam für uns. Da hält der Mensch so den Globus vor sich hin und entdeckt sich nicht. Dann kann er singen wie schon König David im Psalm 8:
„Was ist der Mensch, dass du an ihn denkst!“

Es lohnt sich zu leben, weil wir Schweres tragen können

Menschen, die ein Schicksalsschlag oder ein Unglück getroffen hat, sind Gezeichnete. Etwas Schlimmes hat sie aus dem Alltag herausgehoben. Sie stehen an einem einsamen Platz. Wir anderen spüren, da ist jetzt ein großer Abstand da zwischen den Leidenden und uns. Nicht jeder kann oder will sich gleich auf Hilfe einlassen. Niemand erreicht ihn. Und das ist dann wieder schwer für alle, die gerne trösten und helfen möchten.

Aber vielleicht hat dieses Abstandhalten auch sein Gutes, so seltsam das für Sie klingen mag. Die Erfahrung von Distanz kann uns von der Illusion befreien, dass unsere Anteilnahme, unser Mitgefühl und unser gutgemeinter Trost den ganzen Verlust im Herzen dieser Men-

schen ausgleichen kann. Sie sind – für eine Weile zumindest – untröstlich. Unser Trost erreicht sie einfach nicht. Wenn man aber genau hinschaut, dann versteht man besser, warum bisweilen Leidende in dieser Phase erst einmal so viel Abstand wünschen. Sie müssen ihre Seelenkräfte ganz auf sich konzentrieren. Das ist die schwere Aufgabe unglücklicher Menschen. Dafür verdienen sie all unseren Respekt und unsere Geduld. Nach einer Weile ändert sich etwas. Die Distanz schwindet. Nähe ist wieder da. Und ein neues Wissen. Unter denen, die etwas Schweres durchgemacht haben, sind gar nicht einmal so wenige, die sagen: „Ich wünsche das keinem. Aber ich möchte diese Erfahrung auch nicht mehr missen. Durch meinen Schmerz bin ich dem Leben und mir selbst näher gekommen als je zuvor."

Es lohnt sich zu leben, weil es für jedes Problem eine gute Lösung gibt

Im Leben jedes Menschen gibt es Probleme. Ich rede jetzt nicht von kurzfristigen Problemen, von der Beule im Auto oder dem Streit gestern. Ich meine die großen Probleme, die großen Lasten, die großen Aufgaben in Ihrem Leben. Aufgaben, die Sie sich nicht ausgesucht haben. Die Sie mitbekommen haben, irgendwie. Probleme, die Sie gern wegschieben, aber die sich immer wieder Luft machen, in Ihrem Körper oder in Ihren Gedanken.

Jedes einzelne dieser Probleme ist ernst, und es will auch ernst genommen werden. Es rächt sich sehr, wenn Sie sich lustig machen darüber oder so tun, als sei es nicht da. Dann rebelliert Ihr Körper oder Ihre Seele, und Sie werden sehr unsanft daran erinnert, dass es noch da ist. Nein, ein Problem ist dazu da, dass es gelöst wird.
Der Weg dorthin ist unangenehm, meist lang und sehr anstrengend. Immer wieder locken Ablenkungen, die Sie von dem steinigen Weg abbringen. Es ist einfach gar zu verlockend, Probleme zu verdrängen oder ganz zu vergessen. Aber wenn Sie die Lösung endlich erarbeitet und erkämpft haben, dann können Sie einer Sache ganz sicher sein: Die wirklich gute Lösung entlastet und macht heiter.

Es lohnt sich zu leben,
weil wir in der Küche zu Philosophen werden

Wer wäscht heute ab? Wer räumt die Geschirrspülmaschine aus? Solche Fragen können manchmal zum Problem werden. Man kann aber auch eine wunderbare Lebensphilosophie daraus machen. Benedikt von Nursia, der Gründer des Benediktinerordens, ging in seiner „Regel für das Zusammenleben von Mönchen" auch auf praktische Fragen ein, die in einem solchen Männerhaushalt ja geklärt werden müssen, und schrieb:
„Vom Küchendienst ist keiner ausgenommen. Den Schwachen aber gib Gehilfen, damit sie ihren Dienst verrichten können, ohne traurig zu werden."
Niemand wird bei irgendeiner Pflicht ausgenommen: Gemüse putzen, Töpfe kratzen, Gläser polieren. Für den weisen Benedikt sind alle Arbeiten gleich viel wert. Keiner soll sich drücken, es soll sich aber auch niemand opfern. Wenn sich jemand sehr schwer tut, dann soll man ihn bei der Arbeit nicht alleine lassen, damit er nicht frustriert ist. Überarbeitung ist keine Tugend. Und eine Leidensmiene auch nicht.

Wie das in der Praxis aussieht? Einmal habe ich in einem Benediktinerkloster in der Küche mitgeholfen. Es war in Belgien, und ich habe kaum ein Wort verstanden. Aber eines war deutlich zu spüren: Es war vermutlich der fröhlichste Platz im ganzen Kloster.

Es lohnt sich zu leben, weil man in Pfützen tanzen kann

Bestimmt gibt es im Alltag eines jeden Menschen ein paar lästige Dinge, die ihn deshalb so nerven, weil er zwar zu ihrer Beseitigung allerhand unternommen hat, sie aber nicht wirklich losgeworden ist. Für mich fallen in diese Kategorie die unzähligen Schlaglöcher auf dem Parkplatz vor dem Kindergarten unserer Jüngsten. Hartnäckiges Intervenieren der vielen betroffenen Mütter bei der Gemeinde war nötig, bis ein Team des örtlichen Bauhofs anrückte, die Krater auffüllte und den Sand-Kies-Belag des Parkplatzes wieder schön einebnete. Das Schlagloch-Problem war gelöst, die Mütter waren zufrieden. Ein halbes Jahr lang. Ich weiß nicht, ob es am Winter lag oder an der mangelnden Sorgfalt der Bauhofmitarbeiter oder an beidem, auf jeden Fall waren bis zum nächsten Frühjahr endgültig alle Schlaglöcher wieder da. Unbezwingbar, lästig und für nichts gut.

Schlechte Dinge haben aber auch ihre guten Seiten, wenn man sie aus einer anderen Perspektive wahrzu-

nehmen versteht. Und ein bisschen Hilfe von oben dazu kommt. In Form von Regengüssen zum Beispiel. Richtig dolles Regenwetter, bei dem es wie aus Eimern schüttet. Denn dann verwandeln sich die schauerlichen Schlaglöcher in unergründlich tiefe, schimmernde Gewässer. Wenn man dann auch noch vier Jahre alt ist, gelbe Gummistiefel und wasserdichte blaue Matschhosen trägt, sind Schlaglöcher etwas Wundervolles, nämlich die Grundvoraussetzung für ein kindliches Vergnügen der Extraklasse. Wie tief kann man heute hinein waten? Was muss man tun, damit das Wasser in alle Richtungen spritzt oder sich in sanften Wellen kräuselt? Und wie fühlt man sich, wenn man einfach ganz ruhig in der stillen Mitte einer Regenpfütze steht wie die Freiheitsstatue in den Wassern vor New York? Lauter spannende Fragen für kleine Alltagsforscher.
Ob man also lästige Dellen sieht oder großflächige luxuriöse Seen, das liegt nun wahrlich nicht an den Schlaglöchern, sondern nur an uns selbst. Und so nebenher beim Regentanz eine neue Sicht der Dinge zu entwickeln – das ist doch wirklich ein guter Grund zu leben.

Es lohnt sich zu leben, weil wir nicht zufällig im Weltall herumrasen

Die Pyramiden in Ägypten bergen noch manches Geheimnis. Eines wurde vor wenigen Jahren gelüftet: Warum sie so eigenartig über die Landschaft verteilt stehen. Die Lösung ist fast verblüffend einfach: Die Pyramiden von Gizeh bilden das Sternbild des Orion nach, sowohl in ihrer Anordnung als auch in ihrer Größe. Sie waren also nicht Denkmäler für einzelne Könige, sondern bildeten ein über viele Generationen verteiltes Gesamtkonzept. Durch einen dünnen Kanal, den man bislang immer für einen Belüftungsschacht gehalten hatte, sollte die Seele des toten Pharao genau zum hellsten Stern des Orion wandern. Der Schacht zielte vor 4 000 Jahren mit größter Präzision auf eben diesen Stern.

Dahinter steckt die uralte Einsicht, dass Himmel und Erde in geheimnisvoller Weise aufeinander bezogen sind. Die Astrologie beruht auf der gleichen Idee. Und auch Christen beten im Vaterunser den Satz: Dein Wille geschehe, wie im Himmel, so auf Erden.

Das ist mehr als der Glaube an das astrologische Räderwerk der Planeten, das uns beeinflusst. Es ist auch mehr als der Glaube, dass Könige zu Sternen werden. „Dein Wille geschehe", das ist erst einmal das Vertrauen, dass es einen solchen Willen gibt. Dass wir nicht zufällig im Weltall herumrasen, sondern Geschöpfe sind eines liebevollen, zielstrebigen Gottes. Der nicht im Himmel bleiben wollte, sondern als kleiner Säugling auf die Erde kam. Das ist so verborgen und so geheimnisvoll wie die riesigen Pyramiden.

Es lohnt sich zu leben, weil wir uns Großzügigkeit leisten können

Das Gute muss man tun, damit Gutes in die Welt kommt. Aber wie viel Gutes muss jeder tun, damit mehr Gutes als Böses in der Welt ist? Es gibt Leute, die meinen, Gutes könne man gar nicht zu viel tun. Also sei man auch immer „dran" mit einer guten Tat. Andere sind der Ansicht, was man Gutes tue, müsse zur eigenen Person passen. Da ist was dran. Wenn ein Schulkind 20 Euro von seinem ersparten Taschengeld für einen guten Zweck spendet, dann ist das mehr, als wenn ein Lehrer an seiner Schule die gleiche Summe spendet. Der Junge hat sich das Gute mehr kosten lassen. Darum ist er seinem Lehrer an Großzügigkeit überlegen. Wer mit 40 noch genauso viel (oder wenig) in den Klingelbeutel wirft wie mit 14, nimmt sich nicht wahr als der Mensch, der als Erwachsener über erweiterte Möglichkeiten verfügt. Unsere Großzügigkeit will mit unserem Alter, unserem Verdienst und unserer Position wachsen. Großzügigkeit hat also auch etwas mit Reife und Selbstbewusstsein zu tun.

Kaiser Joseph II. von Österreich (er regierte von 1765 bis 1790) hatte für die Damen am Wiener Hof eine Theateraufführung arrangieren lassen. Als am nächsten Morgen beim Frühstück sein Oberkämmerer Graf Rosenberg erschien, wünschte der Kaiser, dass dieser unverzüglich ein Verzeichnis aller mitwirkenden Sänger und Sängerinnen anlegte und zu jedem nach Verdienst ein Geldgeschenk vermerkte. Sobald der Kaiser die Liste in Händen hielt, schaute er sie rasch durch, griff nach einer Feder und fügte jedem Betrag hinten noch eine Null an, so dass die Beträge um ein Zehnfaches stiegen. Dann reichte er das Blatt mit einem Lächeln an seinen Kämmerer zurück: „Nicht der Graf von Rosenberg, sondern der Kaiser hat das Fest gegeben.“

Es lohnt sich zu leben, weil Ausspannen keine Sünde ist

Zu den Anforderungen unserer Arbeitswelt gehört eine permanente Leistungsbereitschaft. Wer dieser Doktrin folgt, ist immer im Dienst, steht fortwährend unter Druck. Auf die Dauer wird das sehr anstrengend und belastet die Gesundheit des Körpers genauso wie die der Seele. Wenn Sie das von sich kennen, hilft Ihnen als Gegenmaßnahme vielleicht die folgende Geschichte. Es ist eine hübsche alte Legende für alle, die nur die Arbeit kennen, keine Pause einlegen können und sich zu wenig Entspannung gönnen.

Ein Bogenschütze zog durch eine Gegend, in der sich der Mönch Antonius mit einer Anzahl von Brüdern niedergelassen hatte. Als er zur Mönchssiedlung kam, sah er, wie der heilige Antonius mit seinen Brüdern fröhlich zusammensaß. „Typisch Mönche", murmelte der Bogenschütze, „sitzen nur faul herum und tun nichts!" Antonius hatte das gehört und winkte ihn zu sich. „Leg doch einmal einen Pfeil auf deinen Bogen und spanne die Sehne an", bat er. Der Bogenschütze machte das sehr gut, aber Antonius forderte ihn auf, noch stärker zu ziehen. Der Bogen war schon zum Zerreißen gespannt, da bat ihn Antonius um noch mehr Anspannung. Jetzt wurde es dem Bogenschützen zu bunt: „Na hör mal, was fällt Dir denn ein? Das ist doch idiotisch! Wenn ich noch weiter anspanne, zerbricht mir der Bogen!"

Antonius lächelte: „Schau mal, genau so ist es im Leben auch. Wenn wir uns über ein gesundes Maß hinaus anstrengen, würden wir alle schnell zerbrechen. Es ist gut für uns, die Anspannung dann und wann zu lockern." Danach wandte er sich gelassen wieder seinen Brüdern zu.

Es lohnt sich zu leben, weil wir in einem wunderbaren Land leben dürfen

Der Taxifahrer war ein Ausländer, schon etwas älter. Nach ein paar Metern Fahrt wollte ich das Gespräch eröffnen. Über das Wetter? Den Verkehr? Ich entschied mich für das Standardthema Nummer 3: „Wo kommen Sie her?" Bei Ausländern ja eigentlich immer ein politisch korrekter Einstieg.

Er kam aus Griechenland, war aber schon sehr lange in Deutschland. Als ganz junger Mann war er hierher gekommen, aber nicht wegen der Arbeit, sondern wegen seiner O-Beine. „Nicht einfach so O-Beine, wie man sonst so sagt. Ich war schwerstbehindert, konnte kaum laufen, nur mit Schmerzen stehen." Er zog ein altes Foto aus dem Handschuhfach, offenbar aufgenommen in einer Klinik. „Das war vor meiner Operation.“ Damals gab es in ganz Europa nur eine Klinik, die so etwas operieren konnte, und die war in Deutschland. Die Eltern haben an allem gespart, bis sie sich endlich die Reise und die Kosten für den Arzt leisten konnten.

„Der Chefarzt hat mich operiert, und es war ein Wunder. Ein neues Leben!“ Er hebt seine Beine, führt vor, wie gerade sie sind, stark und gesund. Und er setzt an zu einer Lobeshymne: „Deutschland ist gut. Ein super Land! Ihr Deutschen wisst gar nicht, was für ein super Land ihr seid!“ Der Chefarzt verzichtete auf sein Honorar, deutsche Krankenkassen haben den Klinikaufenthalt gezahlt. „Hier will ich bleiben, habe ich gesagt, will Deutsch lernen, hier arbeiten und hier meine Steuern zahlen.“ Ich habe ihn angestrahlt – und war einfach stolz auf mein Land. Ein super Land.

Es lohnt sich zu leben, weil in jedem von uns ein Klavierspieler steckt

Theodor Fontanes Tochter Martha (1860–1917), liebevoll Mete genannt, war eine kluge Frau, vielseitig interessiert und gebildet. Die Tochter des berühmten Romanciers absolvierte das Königliche Lehrerinnenseminar und arbeitete als Lehrerin und Erzieherin. Schon früh wurde sie zur scharfsinnigen Gesprächspartnerin ihres Vaters, die das komplette gesellschaftliche Leben der Fontanes managte. Metes Dilemma lag in ihrer uneingeschränkten Bewunderung für den Vater, dessen Lieblingskind sie war und für den sie lebte – nicht für sich selbst. Trotzdem schrieb sie mit 24 Jahren einen bemerkenswerten Brief an ihren Vater:

„Ich bin nicht unzufrieden, im Gegenteil, aber ich würde mir gerne meiner geistigen und herzlichen Fähigkeiten lebhafter bewusst, – ich habe das Gefühl eines Menschen, der Klavier spielen kann, aber kein Klavier hat."

Mete hatte erkannt, dass sie in der Gefahr stand, über ihren Aufgaben und der bedeutenden Persönlichkeit ihres Vaters sich selbst zu vergessen. Ihre eigenen Fähigkeiten. Ihr authentisches Selbst. Ihre Kreativität. Vielleicht geht es Ihnen gerade ähnlich. Eingespannt in Aufgaben und Fürsorge für andere ist kein Platz für das „Klavierspielen", obwohl Sie es in sich tragen und davon träumen. Wenn Sie das kennen, fehlt Ihnen – die Treue zu sich selbst. Dabei gibt es so etwas wie eine Pflicht der Seele, gegenüber den eigenen innersten Wünschen Loyalität zu bekunden und sich wieder für das innere Drängen und Sehnen zu öffnen, das von unseren noch unentfalteten Möglichkeiten stammt. Vertrauen Sie dieser inneren Stimme. Folgen Sie dem Ruf. Irgendwo steht das „Klavier“, auf dem Sie eine neue Melodie spielen können.

Es lohnt sich zu leben, weil man so wenig braucht, um besser zu leben

Das Ehepaar Scott und Helen Nearing waren die amerikanischen Pioniere eines radikal einfachen Lebens. 1932 kehrten sie (auf dem Höhepunkt der Weltwirtschaftskrise) New York den Rücken und begannen in den Green Mountains von Vermont ein neues Leben. Auf ihrer Farm versuchten sie bis ins hohe Alter hinein völlig autark zu sein und sich dabei allein auf ihren Einfallsreichtum, harte Arbeit und Ausdauer, sowie die jahreszeitlich bedingten Gaben der Natur zu stützen.
Auch wenn Sie sich nicht unbedingt berufen fühlen, nur Wasser und Kräuteraufgüsse zu trinken, auf Salz, Zucker, Kaffee, Tee, Eier, Milchprodukte und Alkohol zu verzichten, das Steinhaus mit eigenen Händen zu bauen und sich täglich körperlichen Strapazen zu unterwerfen, so steckt in dem stark reduzierten Verbrauch natürlicher Ressourcen eine Bescheidenheit, die ihre eigene Weisheit erzeugt. Und offensichtlich gesund erhält: Scott wurde 100, seine Frau fast genauso alt. In Helen Nearings Memoiren findet sich eine bemerkenswert zeitlose Liste für ein gutes und einfaches Leben:

1. Tue dein Bestes, was immer auch geschehen mag.
2. Suche dir eine Arbeit, die dir Freude macht.
3. Führe dein Leben unter einfachsten Bedingungen, was Wohnung, Nahrung und Kleidung angeht; trenne dich von allem Ballast.
4. Suche jeden Tag den Kontakt zur Natur; spüre die Erde unter deinen Füßen.

5. Halte deinen Körper durch harte Arbeit, Gartenarbeit oder Spazieren gehen in Form.
6. Mach dir keine Sorgen; lebe jeden Tag neu im Hier und Jetzt.
7. Teile jeden Tag etwas mit einem anderen Menschen; wenn du alleine lebst, schreibe jemandem; verschenke etwas; hilf jemandem auf irgendeine Weise.
8. Nimm dir die Zeit, das Leben und die Welt mit Staunen zu betrachten; halte so gut du kannst Ausschau nach ein wenig Freude im Leben.
9. Bedenke, dass alle Dinge nur ein Leben haben.
10. Sei freundlich gegen jedes Lebewesen.

Es lohnt sich zu leben, weil Motzen out ist

In der Regel des Heiligen Benedikt, den Vorschriften für das Leben in einem Kloster, gibt es folgenden Satz:

„Vor allem darf niemals das Laster des Murrens aufkommen, in keinem Wort und in keiner Andeutung."

„Murren" – heute würden wir vielleicht „Meckern" oder „Motzen" sagen. Ich war verblüfft, dass es überhaupt als Laster eingestuft wird. Aber es ist schon wahr: Wir wissen, wie notorische Motzer das Klima verpesten können. Ich kenne Büros, in denen wird grundsätzlich erst einmal über alles gemeckert. Manche Menschen haben das als Devise: Man muss motzen. Man muss sagen, wenn einem etwas nicht passt. Aber Benedikt, geschult durch lange Jahre klösterlicher Gemeinschaft auf engstem Raum, sagt: Nein. Kein Murren!

Er bezieht sich dabei nicht nur auf die Mönche, sondern auch auf den Abt. Der hat das Klosterleben so zu gestalten, dass es zum Murren keinen Anlass gibt.

So gesehen, wäre das auch ein guter Grundsatz für das Leben in einer Familie, in der Schule oder in einem Betrieb. Für beide gilt diese Regel, nicht nur für die Kinder, sondern auch für die Eltern. Nicht nur für die Angestellten, sondern auch für den Chef:

Vor allem darf niemals das Laster des Murrens aufkommen, in keinem Wort und in keiner Andeutung.

Es lohnt sich zu leben, weil wir notfalls immer noch baden gehen können

Baden kann jeder. Die Kunst besteht darin, ein „Bad zu nehmen“. Man kann lernen, aus dem Baden ein entspannendes Ritual zu machen, das gleichermaßen dem Körper wie der Seele dient. Für die Schriftstellerin Sylvia Plath war es eine Art Allheilmittel: „Es muss ein paar Dinge geben, die man mit einem heißen Bad nicht kurieren kann, aber mir sind nicht viele bekannt.“

Zelebrieren Sie also wenigstens einmal die Woche einen Badeabend. Das Wichtigste zuerst: Bringen Sie Zeit mit. Und informieren Sie Ihre Familie, dass Sie mindestens 40 Minuten lang das Badezimmer für sich alleine haben wollen, um dort ungestört entspannen können. Bevor Sie sich ins Badezimmer zurückziehen, sollten Sie sich ein gemütliches Plätzchen herrichten, wo Sie es sich nach dem Bad bequem machen wollen. Ob Bett, Couch oder Lieblingssessel, sorgen Sie dort wie ein aufmerksamer Butler für angenehmes Licht, weiche Kissen, Kuscheldecken, Duftkerzen, Bücher, Lieblings-CDs und Getränke.

Legen Sie sich große Handtücher und einen flauschigen Bademantel in Griffweite, bevor Sie in die Wanne mit duftendem Schaum sinken. Mit Kerzenlicht, entspannenden Klängen, einem kühlen Drink oder einem Glas Sekt verwandelt sich auch das kleinste Bad in einen Badetempel. Der buddhistische Mönch Thich Nhat Hanh empfiehlt in seinem Meditationsbuch „Das Wunder, wach zu sein“, das Bad zu einem geheimen Ort der Selbstversenkung zu machen. „Selbst eine Sekunde lang beeile dich nicht. Von dem Augenblick an, wo du das Badewasser vorbereitest, bis zu dem Augenblick, wo du frische Kleider anziehst, verrichte jede Bewegung leicht und langsam. Sei achtsam bei jeder Bewegung. Richte deine Aufmerksamkeit mit gleicher Zuneigung und ohne Angst auf jeden Teil deines Körpers. Sei dir jeder Wasserströmung an deinem Körper bewusst. Wenn du mit dem Baden fertig bist, sollte dein Geist genauso friedvoll und leicht gestimmt sein wie dein Körper. Folge deinem Atem. Betrachte dich so, als wärst du ein sauberer, duftender Lotusteich im Sommer." Warmes Hautöl oder duftende Bodylotion sind der krönende Abschluss Ihres Baderituals zur Entspannung und Selbsterneuerung.

Es lohnt sich zu leben, weil wir nicht alle Tage auf einmal leben müssen

Hatten Sie heute auch wieder so viel zu erledigen, dass Sie heute Abend mit dem unangenehmen Gefühl ins Bett gehen müssen, nicht genug geschafft zu haben? Ja, dass die ganze Arbeit eigentlich gar nicht zu schaffen ist? Bevor Sie resignieren, lesen Sie doch einmal, was die heiligen Wüstenväter vor 1800 Jahren zu so einem Fall sagten:

Ein Mann besaß einen Acker, der aus Nachlässigkeit völlig verwildert war. Da schickte er seinen Sohn hin, um das Feld von dem dichten Filz aus Disteln und Dornen zu reinigen. Als aber der Sohn die riesige Menge Unkraut sah, verlor er allen Mut vor der Größe der Aufgabe, warf sich auf die Erde und schlief. Tagelang ging das so. Endlich kam sein Vater, um nach den Fortschritten bei der Arbeit zu sehen. Da klagte ihm der Sohn voller Unmut sein Leid. Sein Vater befreite ihn nicht von der Aufgabe, aber er hatte einen guten Rat für ihn: „Arbeite täglich nur so viel, als dein Körper bedeckt, wenn du liegst.

Dann kommst du mit der Arbeit voran und wirst nicht mehr verzagen." Der Sohn hielt sich daran und in kurzem war der Acker gereinigt und urbar gemacht.
Wer sich an seinem Körper orientiert und im Einklang mit der eigenen Kraft sein ganz persönliches Maß bestimmt, ist bei der Arbeit weder über- noch unterfordert. Ein menschliches Maß finden und sich dann konkret und beständig an die Arbeit machen, das ist die gute Lösung. Heute genauso wie vor fast 2000 Jahren.

Es lohnt sich zu leben, weil das Leben größer ist als wir selbst

Was ist Erfolg? Ein Ziel erreichen, so beschreiben es die meisten. Erfolg bedeutet aber auch: loslassen. Ich kenne keinen erfolgreichen Menschen, der nicht von dieser Erfahrung berichten kann. Auf den letzten Metern vor dem Ziel verändert sich das Ziel, in unerwarteter Weise.

Ich merke, dass mein Ziel größer ist als ich selbst. Und ich sehe, dass ich den Weg bis hierher nicht mir allein verdanke.
Der amerikanische Dichter und Philosoph Ralph Waldo Emerson hat das am Ende seines Lebens so zusammengefasst:

Erfolg ist: Oft lachen und viel lieben.
Den Respekt intelligenter Menschen gewinnen und die Liebe von Kindern.
Von anerkannten Kritikern anerkannt werden.
Dankbar sein für die Schönheit.
Sich selbst verschenken.

Die Welt ein kleines bisschen besser zurücklassen,
sei es durch ein fröhliches Kind,
ein kleines Stückchen Garten
oder die grandiose Lösung einer großen sozialen Not.

Mit Begeisterung gespielt und gesungen haben. Zu wissen: Es gab wenigstens einen einzigen Menschen auf dieser Welt, der leichter atmen konnte, nur weil du gelebt hast.

Das ist Erfolg.

Es lohnt sich zu leben, weil es Drachen und Prinzessinnen gibt

Der schreckliche Drache ist eines der wichtigsten Märchentiere überhaupt. Er verkörpert das Böse und das Chaos, die den Menschen sowohl äußerlich als Naturgewalt als auch innerlich als wilde Triebnatur gefährdet und bedroht. Bei dem Dichter Rainer Maria Rilke findet sich ein ungewöhnlicher Gedanke über das wahre Wesen der Drachen:

Vielleicht sind alle Drachen unseres Lebens
Prinzessinnen, die nur darauf warten,
uns einmal schön und mutig zu sehen.
Vielleicht ist alles Schreckliche im Grunde
das Hilflose, das von uns Hilfe will.

Wer sich dem Kampf mit dem Drachen stellt, steht vor der Aufgabe, sich der eigenen Anteile am Bösen bewusst zu werden. Rilke hat gegen die Angst vor dieser Selbstkonfrontation einen tröstlichen Gedanken formuliert: Alles Schreckliche ist hilflos sich selbst ausgeliefert. Aber im Bedrohlichen verborgen wartet unsere wunderschöne eigene „Prinzessin Seele“ sehnsüchtig darauf, dass wir sie mutig befreien.

Man sollte also den Drachen nicht unbedingt töten; man kann ihn auch zähmen und verehren, wie es in China der Fall ist. Dort haben Drachen eine positive Bedeutung: Die Himmelsdrachen bringen Regen, fördern die Fruchtbarkeit der Erde, symbolisieren die kaiserliche

Macht und hüten verborgene Schätze wie Weisheit, Glück und langes Leben. Alles Dinge, für die sich ein Gang zum Drachenfels wirklich lohnt.

Es lohnt sich zu leben, weil wir Prioritäten setzen können

Wenn eine Fee zu Ihnen käme und Sie einen Wunsch frei hätten, was würden Sie sich wünschen?
Es ist gar nicht so einfach, sich das Richtige zu wünschen. Viele Märchen handeln von Menschen, die einen oder drei oder noch mehr Wünsche frei hatten – und doch nie das Richtige erbeten hatten. Ein modernes Märchen erzählt die alte Geschichte neu:
Ein weiser Mann lebte in den Bergen, und eines Tages fand er einen riesigen, wertvollen Diamanten. Nach einer Weile kam ein armer Mann in seine Hütte und bat

um ein wenig Essen. Der Weise lud ihn ein, und der Besucher aß sich satt. Da entdeckte er in der Hütte den Diamanten. Und er bat den Weisen, ob er ihm den Edelstein geben könnte.
Da nahm der Weise den Diamanten und schenkte ihn dem armen Besucher. Der zog überglücklich davon, denn mit dem Erlös dieses Steins würde er bis an sein Lebensende nie wieder materielle Sorgen haben müssen.
Am nächsten Morgen aber kam der Arme wieder zu dem Weisen und gab ihm den Edelstein zurück. „Ich habe die ganze Nacht nachgedacht“, sagte der arme Mann, „gib mir nicht den Diamanten. Gib mir bitte das, was dich dazu gebracht hat, mir den Diamanten zu geben.“

Es lohnt sich zu leben, weil wir alle Bettler sind

Wenn ich einen Bettler auf der Straße sehe, dann weiß ich nie so recht, was ich tun soll. Wohltätigkeitsorganisationen raten meist ab, schnorrenden Gestalten auf der Straße Geld zu geben, und so mach’ ich’s mir leicht – und gebe nichts.
Manchmal aber erbarmt es mich doch, ich erschrecke über den entsetzlich krassen materiellen Unterschied zwischen ihm und mir, und ich gebe etwas, aus Sicht der Wohlfahrtsorganisationen sicher viel zu viel. Ich gebe in dem Bewusstsein, dass das in ein dunkles Loch fällt, und

dass ich nichts zurückbekomme. Was kann der Bettelnde schon geben?
Als ich einmal einem Armen Geld zugesteckt hatte, da sah er mir in die Augen und sagte: „Gott segne Sie." Das hat mich sehr überrascht und gefreut. Und mir wurde klar: Ein Bettler kann sehr wohl etwas geben – seinen Segen. Und der ist viel mehr wert als das gegebene Geld. Außerdem war in diesem Augenblick der Unterschied zwischen uns beiden nicht mehr zu spüren. Vom Rabbiner Sasower wird folgende Geschichte erzählt: Er gab einem übel berüchtigten Menschen sein letztes Geld. Die Schüler des Rabbis warfen ihm das vor. Da antwortete der Rabbi: „Soll ich wählerischer sein als Gott, der das Geld *mir* sündigem Menschen gegeben hat?"

Es lohnt sich zu leben, weil Gott das Nickerchen erfunden hat

Was man in geruhsameren Zeiten gemütlich „Nickerchen“ nannte, heißt heute in der wissenschaftlichen Schlafforschung vornehm „Mikroschlaf“. Und der ist keinesfalls nur eine Sache für Kleinkinder oder alte Menschen. Schlafstudien brachten Erstaunliches ans Licht: Durch den Schlaf werden unsere verbrauchten Batterien im Gehirn wieder aufgeladen. Mentale Reserven werden mobilisiert, die Stimmung und das Lebensgefühl steigt, Reaktionsvermögen und Leistungsfähigkeit verbessern sich. Nach einem Mikroschlaf (günstig sind 4 bis 20 Minuten) waren die Testschläfer in den Forschungslabors um 15 Prozent geistesgegenwärtiger, machten weniger Fehler, hatten weniger Angst und deutlich bessere Laune als Nicht-Schläfer.

Das kleine Mittagsschläfchen ist also ein richtiger Energiespender und Fitmacher. Wer regelmäßig ein paar kurze Schläfchen hält, reduziert nicht nur die Zahl seiner Krankheitstage, sondern auch zum Beispiel sein Herzinfarktrisiko um 30 Prozent. Große Konzerne wie SAP oder Siemens haben darum Ruhezonen für ihre Mitarbeiter eingerichtet und damit eine deutliche Leistungssteigerung erreicht.

Wenn Sie also effektiver arbeiten und länger und gesünder leben wollen, sollten Sie sich ein Nickerchen gönnen. Am besten jeden Tag zur gleichen Zeit. In einem angenehmen Raum, der still, nicht zu warm und leicht abgedunkelt ist. Ohne schlechtes Gewissen und mit dem Bewusstsein, etwas Lohnendes für die eigene Gesundheit zu tun.

Es lohnt sich zu leben, weil Alt und Jung sich vertragen können

Wahrscheinlich ist der Streit so alt wie die Menschheit: Der Streit zwischen Alt und Jung. Die Älteren verstehen die Jungen nicht und umgekehrt. Schlimm wird es dann, wenn Alt und Jung zusammenwohnen müssen.
Der Heilige Benedikt hat auf Grund seiner Erfahrungen mit vielen Klöstern folgende Regel für das Zusammenleben geschrieben:
„Die Jüngeren sollen die Älteren ehren."
Die Jüngeren wissen, wie schwer das sein kann: Wenn alte Menschen starrköpfig sind, rechthaberisch und vielleicht dazu noch verkalkt und vertattert. Aber es leuchtet ein: Ehren, Ehrfurcht haben, das wäre der richtige Umgang. Doch, was bekommen die Jüngeren dafür?
Die Regel Benedikts geht weiter:
„Die Älteren sollen die Jüngeren lieben."
Das ist viel verlangt. Liebe, eine Regung des Herzens, ist schwierig in Vorschriften zu fassen. Und doch wagt Benedikt das. Er fordert, dass die Alten ihr Herz nicht

verhärten, sondern mit den milden Augen der Liebe auf die Taten der Jüngeren schauen. Auf die, mit denen es nun weitergeht. Segnen, nannte man das früher. Segnen und lieben, das kann man immer, auch wenn die körperlichen Kräfte nachlassen.

Die Jüngeren sollen die Älteren ehren,
die Älteren die Jüngeren lieben.

Es lohnt sich zu leben, weil es in jedem Menschen vier Zimmer gibt

Die indianische Weisheit hat ein schönes Bild für den Menschen hervorgebracht. Jeder Mensch ist wie ein Haus mit vier Zimmern. Es gibt einen physischen, einen mentalen, einen emotionalen und einen spirituellen Raum im Haus des Menschen. Darin liegt ein gutes Gespür dafür, dass Körper, Geist, Gefühl und Glaube uns unterschiedlich beanspruchen und trotzdem ein Gleichgewicht brauchen.
Erforschen Sie Ihre eigenen inneren Zimmer durch eine kleine Meditation. In welchem Raum verbringe ich momentan die meiste Zeit eines Tages? In welchem habe ich mich die meiste Zeit meines Lebens aufgehalten? Welchen Raum mag ich besonders gerne? In welchem Raum kann ich mich am besten entspannen? In welchem Raum bin ich am liebsten allein? Welchen Raum

kenne ich selbst gar nicht so gut? Welchen meiner Räume würden meine Freunde als den gepflegtesten beschreiben? In welchem Raum liegen alte Lasten, unnötiger Ballast aus früheren Tagen, den ich hinaus schaffen könnte? Und in welchem Raum könnte noch eine Überraschung auf mich warten, ein Geheimnis oder eine späte Erfüllung?
Die Meditation über solche Fragen wird Ihnen helfen, den Zusammenhängen in unserem Lebenshaus auf die Spur zu kommen. Das braucht Zeit. Darum nur noch ein Tipp: Ganz fühlen Sie sich im Sinne der Indianer wahrscheinlich dann, wenn Sie jeden Tag einmal durch alle vier Zimmer gehen, um ein bisschen darin zu verweilen, sich darin umzusehen, ein Licht anzumachen, frische Luft hinein zu lassen, ein wärmendes Feuer anzuzünden oder einen Gast darin zu begrüßen.

Es lohnt sich zu leben, weil die einfachsten Formen die schönsten sind

Es gilt als eines der elegantesten und eindrucksvollsten Werke der Architektur des 20. Jahrhunderts: Das zeltartige Dach des Münchner Olympiastadions. Es wurde entworfen im „Institut für leichte Flächentragwerke" der Universität Stuttgart. Nicht auf möglichst schrille Designideen kam es den Architekten an, sondern die einfachste Lösung suchten sie. Bei den Seifenblasen fanden sie die Antwort auf ihr Problem.

Seifenhäute formen Flächen, die mathematisch äußerst schwierig zu berechnen sind, aber sie folgen dabei einem einzigen, sehr einfachen Gesetz: Sie bilden sich immer so, dass ihre Oberfläche möglichst klein ist. Im Grunde genommen haben die Ingenieure die Tragseile des Olympiastadions aus Draht nachgebaut, in Seifenlauge getaucht und fotografiert. Das ist das Geheimnis der Stabilität des Olympiadachs. Dadurch wirkt es trotz der riesigen Dimensionen natürlich und zeitlos schön.

Dahinter steckt ein Grundgesetz der Schöpfung, das sich nicht nur bei Bauwerken aus Stahl, Glas und Stein bewährt, sondern sicher auch beim Bauwerk des eigenen Lebens: Weniger ist mehr.

Es lohnt sich zu leben, weil Wahrheit größer ist als Lüge

Ein amerikanischer Wissenschaftler namens John Frazer will herausgefunden haben, dass jeder von uns über 40-mal am Tag lügt. Die überwiegende Zahl davon lügen wir aus Höflichkeit, um unsere sozialen Beziehungen nicht zu gefährden. Offensichtlich würde brutale Ehrlichkeit das Miteinander zerstören. Dabei halten wir gleichzeitig die Wahrheit für ein hohes Gut.

Der Theologe Dietrich Bonhoeffer wurde in der Zeit des Dritten Reiches von seinen Freunden gefragt, ob er auch lügen würde. Bonhoeffer antwortete: Selbstverständlich würde ich lügen, zum Beispiel, wenn man mir in einem Verhör die Frage stellt, mit wem ich im Widerstand gegen Hitler zusammenarbeite. Um ihr Leben nicht zu gefährden, würde ich lügen. Es gibt eine größere Wahrheit, der die Lüge dient.

Eine alte jüdische Weisheit sagt: „Wer die Lüge hasst, hasst die ganze Welt, denn es gibt keinen Menschen, in dem nicht ein klein wenig Lüge ist. Wer aber die Wahrheit liebt, der liebt die ganze Welt. Denn es gibt keinen Menschen, in dem nicht ein klein wenig Wahrheit steckt."

Es lohnt sich zu leben, weil Herzenswünsche erfüllt werden

Wunschlos glücklich sein, wäre das der wahre Wunsch im Leben? Und was müsste man sich zuvor alles wünschen, um sich diesen Zustand zu sichern? Gesundheit, Geld, Genuss, alles, was das Herz sonst noch begehrt? Um an die wahren Herzenswünsche heranzukommen, muss man die Seele sprechen lassen. Die vorgefertigten Wunschbilder aus der Werbung sind meistens viel zu allgemein und oberflächlich. Individuell und maßgeschneidert sind die wenigsten. Eher grobe Raster, in denen trotzdem unsere Sehnsucht hängen bleibt. Unser Herz ist ein unglaublich aufnahmefähiges Organ, das pausenlos Wunsch-Bilder durchsiebt, auf der Suche nach dem, was die Seele eigentlich braucht. Aber was wünscht sich mein Herz wirklich, wenn es bei Bildern von mit Palmen gesäumten Sandstränden Fernweh spürt? Woran hat das in mir gerührt? Was will mir mein Herz sagen, wenn es anfängt zu klopfen, bloß weil ich gerade an einer Nobelkarosse oder einem Schuhladen vorbeigehe? Es ist nicht immer so leicht herauszufinden, welche innere Suche hinter einem äußeren Reiz steckt.

Wer noch viele Wünsche offen hat im Leben, hat guten Grund, der Sache mit den Wünschen auf den Grund zu gehen. Was ist mein tiefster Herzenswunsch? Was würde mein Herz, diese geheimnisvolle Schatzkammer, wirklich erfüllen? Öffnen Sie die Tür Ihres Herzens. Lassen Sie es sprechen. Lassen Sie sich von der Klugheit Ihres Herzens leiten und gehen Sie Ihren Wünschen auf den Grund. Ganz tief unten, hinter den bunten Werbebildern, wartet Ihr innigster Herzenswunsch auf Sie. Ein ganz persönlicher, maßgeschneiderter Wunsch Ihrer Seele. Den zu finden, darauf kommt es an. Es braucht manchmal Kraft, diesem wahren Wunsch des Herzens zu begegnen, denn vor dem, wonach wir uns sehnen, fürchten wir uns auch in mancher Hinsicht. Wer seinen Herzenswunsch gefunden und angenommen hat, dessen Leben wird sich wandeln. Wenn Sie dazu bereit sind, dann sprechen Sie ihn aus und halten es anschließend mit dem Pianisten Arthur Rubinstein: „Ich meine fast, wenn ich mir mit der Seele etwas innig wünsche, dann erfüllt das Leben mir solche Wünsche gerne."

Es lohnt sich zu leben, weil wir noch nicht gestorben sind

„Eigentlich ist es auch ein Erlebnis, nicht tot zu sein." Diesen Satz schrieb Antoine de Saint-Exupéry, nachdem er aus 4 000 Metern mit seinem Flugzeug abgestürzt war. Ins Bodenlose ging der Sturzflug. Saint-Exupéry glaubte, eine Tragfläche sei abgebrochen und die Felder unter ihm hielt er schon für sein Grab. Er fühlte sich ganz weiß werden, erzählt er, ganz blank vor Angst.
Auf unerklärliche Weise stabilisierte sich das Flugzeug, kein Flügel fehlte, aber diese Erkenntnis blieb: Eigentlich ist es auch ein Erlebnis, nicht tot zu sein.
Ich bin kein Pilot. Manchmal weiß ich nicht, ob ich froh sein soll oder traurig, dass es in meinem Leben keine solchen lebensgefährlichen Situationen gibt, dass ich nicht so nah am tödlichen Rand lebe, sondern mehr in der Mitte. Aber dann denke ich mir, vielleicht reicht es ja, wenn ich die Bücher lese von solchen Menschen am Rand, und wenn ich ihren Erfahrungen glaube.

Das kann dazu führen, dass ich es manchmal auch spüre, dieses Erlebnis, nicht tot zu sein. Dass ich mich freue, zu leben und älter zu werden. Oder, wie es der alte Maurice Chevalier so schön gesagt hat:

„Älterwerden ist gar nicht so schlecht, wenn man die Alternative bedenkt."

Es lohnt sich zu leben, weil wir täglich unabhängiger werden

Der Diplomat Dag Hammarskjöld (1905–1961) ist einer der prominentesten Schweden des 20. Jahrhunderts. Er stammte aus einer alten, traditionsbewussten Adelsfamilie und wuchs als Sohn eines hohen Politikers in einem politisch-intellektuellen Klima auf. Nachdem er zunächst in verschiedenen Ministerien seines Landes gearbeitet hatte, wurde er 1953 zum Generalsekretär der Vereinten Nationen gewählt. Er war die erste Persönlichkeit, die diesem Amt zu internationaler Geltung verhalf. Hammarskjöld profilierte sich während seiner Amtszeit zu einem unerschrockenen Kämpfer für den Frieden und war auch bereit, dabei gegen die Supermächte aufzutreten. Der weltbekannte Diplomat kam 1961 bei einem niemals ganz geklärten, mysteriösen Flugzeugabsturz ums Leben. Auf seinen Sarg legte man ihm den Friedensnobelpreis.

Dag Hammarskjöld schuf seine eigene Definition von Einfachheit, indem er sie als „heilige Unabhängigkeit“ definierte. Unabhängig ist man erst, wenn man den Punkt gefunden hat, wo man in sich ruht. Allein von hier aus sollte man sehen, urteilen und handeln. Was immer sich dann ergibt, es wird im Zeichen der Einfachheit stehen: „Für den Einfachen ist das Leben einfach“. Wie zum Beispiel ein diplomatisches Gespräch nach den Spielregeln der inneren Unabhängigkeit. Zuerst kommt es darauf an, nur das zu erzählen, was für das Gegenüber Bedeutung hat. Zurückhaltung übt man auch beim Fragen – was muss ich wirklich wissen, was brauche ich nicht zu wissen? In Diskussionen geht man nur hinein, um auf ein Ergebnis hinzuarbeiten. Die Führung übernimmt derjenige, der die meiste Kraft für eine Lösung zeigt. Je höher der eigene Rang, desto mehr ist man dazu verpflichtet, so zu leben, dass andere von einem Anweisungen entgegen nehmen können, ohne sich erniedrigt zu fühlen.

All das kann man noch kürzer sagen, in Dag Hammarskjölds eigenen Worten: „Wenn ich weitermachen darf, dann: fester, einfacher – schweigsamer, wärmer.“ Ein Plädoyer der Einfachheit, nach dem zu leben sich lohnt.

Es lohnt sich zu leben, weil die Planeten machen, was sie wollen

Neun Planeten drehen sich um unsere Sonne. Die ersten sechs waren schon in der Antike bekannt. 1766 glaubte dann der preußische Wissenschaftler Johann Daniel Titius die Gesetzmäßigkeit gefunden zu haben, um die Abstände zwischen Planeten und Sonne zu berechnen: Merkurbahn plus 3 mal 1, 2, 4, 8 und so weiter. Zwischen Mars und Jupiter gab es allerdings eine Lücke. Als man dort genauer suchte, entdeckte man genau im vorausberechneten Abstand Bruchstücke eines ehemaligen Planeten, die Asteroiden. Und als der siebte Planet, der Uranus, entdeckt wurde, passte sein Abstand von der Sonne auch noch ziemlich gut in die Formel des alten Preußen. Die letzten beiden Planeten aber, Neptun und Pluto, scherten sich nicht um die angebliche Gesetzmäßigkeit – und so lächeln die Astronomen heute über die vermeintlich geniale Berechnung der Planetenbahnen.

Das gibt es nicht nur in der Wissenschaft, sondern auch im persönlichen Leben: Da hat man geglaubt, endlich eine Gesetzmäßigkeit gefunden zu haben – eine Formel, mit der sich die Zukunft erklären lässt. Aber eines Tages

läuft alles doch ganz anders. Dann merken wir verblüfft und hoffentlich auch ein wenig darüber lächelnd: Das einzig wirklich verlässliche Gesetz, das Gott in unsere Schöpfung eingebaut hat, ist die Überraschung.

Es lohnt sich zu leben, weil wir unser Nase nach gehen können

Ganz egal, ob Sie Ihre Nase mögen oder nicht, hinter ihr verbirgt sich ein analytisches Wunderwerk. Etwa auf der Höhe der Augen sitzt am Anfang der Nase beidseitig ein Stück Riechschleimhaut. Es ist die einzige Stelle im Körper, wo unser Zentralnervensystem offen liegt. Zehn Millionen Nervenzellen nehmen hier Gerüche auf und checken sie pausenlos durch: Hier wird es brenzlig für mich. Da duftet etwas verführerisch. Von dort weht etwas her, das erinnert mich stark an... Ohne Umwege werden alle Duftbotschaften direkt ins limbische System geleitet, unser Ur-Gedächtnis im Stammhirn, das man früher Riech-Hirn nannte. Bevor wir etwas bewusst riechen, hat es unser Unbewusstes schon längst registriert. Es sorgt dafür, dass wir die Nase rümpfen oder begeistert schnuppern, dass uns ein Duft beruhigt oder in die Flucht schlägt, uns verführt oder alte Erinnerungen weckt. Gespeicherte Düfte sind wundervolle Zaubermittel gegen das Vergessen. Sobald wir einen bestimmten Duft in der Nase haben, steigt eine Erinnerung auf, ein Bild aus längst versunkenen Tagen. Orte, Menschen, Szenen werden plötzlich wieder lebendig, eingehüllt in ein winziges Duftmolekül, an das unsere Erinnerung gekoppelt wurde. Ob Brot oder Benzin, Parfüm oder Putzmittel – Düfte bauen Räume der Erinnerung auf, die wir unser Leben lang nicht vergessen. Was immer Sie heute alles erschnuppern, Sie bauen damit in Ihrem Gedächtnis an Ihrem ganz persönlichen Schloss der Erinnerung – an einer Welt, die sich als Duft offenbart.

Es lohnt sich zu leben, weil es noch immer Schmetterlinge gibt

Das Leben lohnt sich wegen ... Schmetterlingen! Unter diesen zauberhaften Wesen gibt es viele Exemplare, die mit rekordverdächtigen Daten aufwarten können. Manche Schwärmer können in knapp drei Minuten über 100 Blüten bestäuben. 1903 wurde ein Schmetterling entdeckt, der mit seinem 28 Zentimeter langen Rüssel in der Lage ist, eine seltene Orchideenart mit ebenso tiefem Blütenkelch zu bestäuben.

Die Raupe des europäischen Weidenbohrers *Cossus cossus* ist Weltmeister im Fressen: Sie schafft es, ihr eigenes Gewicht um das 72 000fache zu vermehren, bevor sie sich einpuppt. Der südamerikanische Eulenfalter *Thysania agrippina* ist der Albatros unter den Schmetterlingen. In Panama wurden riesige Exemplare mit einer Spannweite von 30 Zentimeter gefunden. Der kleinste Nachtfalter der Welt misst dagegen nur 3 Millimeter.

Die goldgelben *Großen Monarchen* verlassen jedes Jahr im September die dichten Wälder im Norden der USA, um ihre 3 200 Kilometer weiter südlich gelegenen Winterquartiere in Texas und Mexiko aufzusuchen – eine Reise von über drei Monaten. Ihr asiatischer Verwandter *Parnassius hannyngtoni* schafft es, im Himalaja zu leben, in bis zu 6 000 Metern Höhe. Und unter den eher unscheinbaren Schwärmern finden sich die schnellsten Schmetterlinge der Welt, mit Rekordgeschwindigkeiten von 54 Stundenkilometer.

Der wahre Weltrekord aber gehört allen Schmetterlingen gemeinsam: Sie haben es geschafft, sich seit 100 Millionen Jahren auf diesem Planeten zu behaupten und seine Schönheit mit ihrer Anmut und Farbenpracht zu vergrößern. Es ist wundervoll, dass sie zu unserer Welt gehören. Würde es sich nicht lohnen, ihnen die Ehrenbürgerwürde auf dieser Erde zu verleihen und etwas von ihrem stillen Glanz in unser viel zu lautes Leben fallen zu lassen?

Es lohnt sich zu leben, weil wir andere Menschen segnen können

Im biblischen Buch der Sprüche gibt es einen Satz, dem ich am liebsten die Überschrift geben würde „Weisheit für morgendliche Fahrten in Bahnen und Bussen".
Er lautet:

Wer gütig blickt, der wird gesegnet werden.

(*Sprüche 22,9*)

Manche Menschen beschweren sich über die müden und abweisenden Gesichter der Mitreisenden. Sie übersehen allerdings, dass sie dabei vermutlich selbst genau so müde und abweisend aussehen.
Freundlichkeit und Güte aber verändern das eigene Herz und die Umwelt. In der Bibel heißt dieser zauberhafte Vorgang „segnen": gütig und wohlwollend auf etwas blicken. Versuchen Sie doch einmal, morgen den ganzen Tag lang alle Menschen, die Sie ansehen, zu segnen.

Auch die müden und die miesen, die mürrischen und die matten. Das tut besonders gut bei schwierigen Zeitgenossen und führt zu erstaunlichen Veränderungen. Sie werden eine gute Kraft in sich spüren.

Wer gütig blickt, der wird gesegnet werden.

Es lohnt sich zu leben, weil das Leben voll schöner Nebenwirkungen ist

„Zu Risiken und Nebenwirkungen fragen Sie Ihren Arzt oder Apotheker." Diesen Satz aus der Pharma-Werbung haben Sie bestimmt schon hundert Mal gehört. Dabei erleben wir die meisten Nebenwirkungen gar nicht beim Einnehmen von Tabletten, sondern im richtigen Leben. Arzt oder Apotheker können Ihnen das genauso bestätigen wie Psychologe, Jurist oder Polizist: Was immer Sie tun oder lassen, hat gute oder schlechte Folgen. Für uns oder andere. Direkt oder indirekt. Jetzt gleich oder später. „Es sind eigentlich die Nebenwirkungen, um die es im Nachhinein geht, der Rest ist unwesentlich," fasst der niederländische Schriftsteller Maarten‘t Hart die seltsame Dynamik von Nebenwirkungen zusammen.
Es gibt eine wunderbare Szene in der romantischen Komödie „E-Mail für dich" mit Meg Ryan und Tom Hanks, die sich genau um diesen Punkt dreht. Hanks spielt einen cleveren Geschäftsmann und Großinvestor im Buchhan-

del, der sich ausgerechnet in eine junge Buchhändlerin verliebt, deren kleiner „Laden um die Ecke" dem Konkurrenzdruck seiner großen Buchhandelskette nicht gewachsen ist. Der Erfolg des einen hatte den Misserfolg der anderen zur Folge. „Es war nicht persönlich gemeint", versucht er mit der Logik des Geschäftsmannes zu argumentieren. Aber was bekommt er darauf zu hören? „Ich nehme es aber persönlich! Das betrifft doch mein Leben, persönlicher geht es gar nicht!"
Wie recht sie hat. Die Nebenwirkungen sind meistens persönlicher Natur, und als solche wichtig. Was sich persönlich auf uns auswirkt, das dürfen wir auch persönlich nehmen – und persönlich lösen. So wie die junge Ladenbesitzerin in „E-Mail für dich", die trotz der zuerst rein negativen Nebenwirkungen nichts gegen ein Kennenlernen auf der persönlichen Ebene hat, auch wenn es auf der beruflichen Ebene sehr schlecht für sie lief. Und es deswegen am Ende noch eine besonders schöne Nebenwirkung für beide gibt, die große Liebe.

Es lohnt sich zu leben, weil Kopf und Hände zusammen gehören

Es gibt viele Menschen, die haben zwar einen Arbeitsplatz, aber keine *richtige* Arbeit. Sie sind immer beschäftigt, sie sprechen mit anderen, sie sitzen in Sitzungen, sie telefonieren, sie organisieren, sie verwalten, sie delegieren. Am Ende des Tages stehen sie häufig buchstäblich mit leeren Händen da und seufzen: „Eigentlich – nichts geschafft heute."

Benedikt von Nursia hat in seiner „Regel für das Zusammenleben von Mönchen" vorgeschrieben, dass jeder Klosterbruder, vom Abt bis zum einfachsten Novizen, jeden Tag eine Arbeit mit den Händen verrichten soll. Am besten etwas wirklich Handfestes: Er muss im Garten mit anpacken oder in der Küche, Reparaturen im Haus ausführen, die Kranken pflegen, Wäsche waschen oder putzen. Das ist besonders gut für die Kopfarbeiter, weil sie sonst körperlich verkümmern und außerdem traurig werden könnten.

Ebenso aber hat der kluge Benedikt jedem seiner Klosterbrüder (und auch sich selbst) jeden Tag eine Beschäftigung mit dem Geist verordnet. Das „Lesen erbaulicher Bücher" ist auch für diejenigen Vorschrift, die nach körperlichem Einsatz lieber die Beine hochlegen. Oder alle, die gerne der Versuchung erliegen, sich bei der Arbeit so

aufzureiben, dass der Geist danach völlig danieder liegt. Das ist auch schlecht, sagt Benedikt. Dann hängt man am Ende eines anstrengenden Tages erschöpft herum und spürt eine schale Sinnlosigkeit.
Kopf und Hände gehören zusammen. Dann bleibt genug Kraft für das Denken und das Danken.

Es lohnt sich zu leben, weil die Wachteln so klug sind

In Bayern gibt es eine kuriose Art von Kruzifix: An jedem der vier Enden sitzen ein paar Wachteln, die zum gekreuzigten Christus schauen.
Wenn Vögel zu mehreren schlafen, kuscheln sie sich so zusammen, dass ihre Köpfe nach außen gewandt sind, um eventuelle Feinde gleich zu erkennen. Die Wachteln sind die einzigen Vögel, die es anders machen. Sie schlafen in großen Gruppen, mit den Schnäbeln nach innen. Einer alten Legende nach hat ihnen das Jesus beigebracht. Er hat die flugunfähigen kleinen Wachteln gelehrt, dass es am sichersten ist, sich auf das Zentrum auszurichten. Dass sie vertrauensvoll auf ihn, Christus, blicken sollen.
So stecken die Wachteln bis auf den heutigen Tag beim Schlafen die Köpfe zusammen. Und wenn ein Feind kommt, flattern sie auseinander und jagen ihm damit einen gewaltigen Schrecken ein.

Das bayerische Wachtelkreuz passt am besten ins Schlafzimmer, über das Bett. Es gibt dem Schlafenden einen Hinweis: Dass die Sicherheit, die wir alle im Leben brauchen, nicht außen zu finden ist, in der Angst, bei Alarmanlagen, Waffen oder Polizei, sondern innen, in uns. An dem Punkt in unserem Herzen, an dem wir dem begegnen, der uns geschaffen hat.

Es lohnt sich zu leben, weil das Leben selbst uns inspiriert

Wissen Sie, was Sie inspiriert? Eine bestimmte Musik, die sie in Schwung bringt? Die Lieblingstasse, gefüllt mit dampfendem Kaffee? Ein Spaziergang, bei dem Sie tief durchatmen können? Ein Gespräch, das Sie auf lauter neue Einfälle bringt? Ein kleines Ritual, mit dem Sie Ihre kreativen Prozesse einläuten? Inspiration empfangen wir aus den merkwürdigsten Dingen. Friedrich Schiller zum Beispiel ließ sich von dem Geruch eines schon leicht angefaulten Apfels inspirieren, den er beim Schreiben in einer Schreibtischschublade liegen hatte.

Die Inspiration Wecken ist eine Sache. Sich ihr anzuvertrauen, noch einmal etwas ganz anderes. Inspiration ist nichts anderes als der Mut, dem Ruf zu folgen. Dem Ruf einer höheren, schöpferischen Macht, die sich durch uns ausdrücken und manifestieren möchte. Und zwar hier und jetzt. Als Georg Friedrich Händel seinen Messias

komponierte, hatte er das Gefühl, zwanzig Tage lang von einer überirdischen Macht geleitet worden zu sein: „Ich vermeinte, den ganzen Himmel vor mir zu sehen und den großen Gott höchstselbst.“ Das ist wahrscheinlich die wichtigste Gabe, um unsere künstlerischen Kräfte zu wecken. Nur der Künstler in uns traut seinen Inspirationen und akzeptiert sie als hilfreiche Freunde bei seiner Arbeit. So wie der Maler Robert Motherwell, für den Malen nur möglich ist, wenn man sich von der Inspiration führen lässt: „Der Pinsel wird über das stolpern, was man selbst nicht zu tun vermag.“

Es lohnt sich zu leben, weil wir „Schuld“ klein schreiben können

Noch nie in der Geschichte, behauptet der Soziologe Peter L. Berger, haben sich die Menschen so schuldlos gefühlt wie in unserem Jahrhundert:
Schuld an unseren eigenen Fehlern sind unsere Eltern. Die sind nicht direkt schuld, sondern die größeren gesellschaftlichen Strukturen. Und selbst die sind ja irgendwie notwendig und geschaffen. Immer genauer kennen wir die vielfältigen Zusammenhänge, immer weiter bewegt sich damit unsere eigene Verantwortung fort, und immer riesiger wird sie dadurch.
Schuld, großgeschrieben, ist etwas gigantisch Großes, Erdrückendes, zugleich aber auch unendlich weit Ent-

ferntes, Unabänderliches. Unter solcher Schuld kann man nur leiden. Einen Ansatzpunkt gibt es nicht.
Doch. Indem Sie das große Wort Schuld klein schreiben: „Ja, ich bin auch selber schuld.“ Das ist im ersten Augenblick unangenehm, aber damit gibt es endlich wieder einen Ansatzpunkt: Ja, ich fange bei mir selber an.

Es lohnt sich zu leben, weil wir Freunde haben

„Alte Freunde" gibt es in zwei Kategorien. Über die erste Kategorie sagen wir mit einem Lächeln und einem unübersehbaren Stolz: Wir sind uns immer noch so nah wie am Beginn unserer Freundschaft. Nein, eigentlich eher näher. Auch wenn wir uns mal länger nicht sehen, begegnen wir uns immer als Freunde. Wir sind zusammen geblieben und zusammengewachsen. In dieser Beziehung läuft alles wunderbar. Wir können uns aufeinander verlassen. Wir wissen, was wir aneinander haben und möchten das nicht missen. Freundschaft ist eine tolle Sache auf Erden. Da sind wir uns sicher.
Bei der zweiten Kategorie gibt es nicht so viel Euphorie. Nachdenklichkeit herrscht vor, nicht selten gemischt mit Trauer oder sogar Bitternis. Alte Freunde bedeutet in dieser Kategorie so viel wie „frühere Freunde". Das bedeutet: Wir sind heute keine Freunde mehr. Das war einmal.

Unsere Freundschaft hat nicht nur ihren Höhepunkt gehabt, sondern auch schon ihren Schlusspunkt. Weh getan hat das, aber es war nicht mehr zu ändern.

Verteufeln will man diese untergegangenen Freundschaften nicht, aber etwas ratlos ist man doch, wie man es anstellen muss, damit man sie freundlich als Teil der eigenen Vergangenheit anschauen kann. Friedrich Nietzsche hat dafür einen schönen Begriff entwickelt. Er nennt die zweite Kategorie „Sternen-Freundschaft", weil sie ihren Schwerpunkt von der irdischen auf eine andere Ebene verlagert hat. Er stellt die Freundschaft in einen weiteren Raum, als wir zu sehen gewohnt sind. Dort finden alle unsere Beziehungen ihre Bestimmung und ihren tieferen Sinn:

„Wir waren Freunde und sind uns fremd geworden. Wahrscheinlich gibt es eine ungeheure unsichtbare Sternenbahn, in der unsere so verschiedenen Straßen als kleine Strecken inbegriffen sind. So wollen wir an unsere Sternen-Freundschaft glauben, selbst wenn wir einander Erden-Feinde sein müssten."

Es lohnt sich, auch die Sternen-Freundschaften im Leben zu würdigen, wie das Sternschnuppen-Funkeln in einer Sommernacht.

Es lohnt sich zu leben, weil Gott so freigebig ist

Wenn es um unser seelisches Wachstum geht, lässt Gott sich allerhand für uns einfallen. Vor einiger Zeit hatte ich den Eindruck, ihm richtig dabei zuschauen zu können, wie er voller Humor einer ganzen Gruppe den Unterschied zwischen Geiz und Großzügigkeit erklärte.
Unsere Gruppe traf sich in einem Kloster in Vorarlberg, das bekannt ist für seine herzliche gastfreundliche Atmosphäre. Eine Teilnehmerin fiel in der Gruppe dadurch auf, dass sie mit allem geizte und nicht gerne teilte. Beim Mittagessen schlug sie plötzlich empört Alarm: Sie vermisste ihre Flasche Wein, die sie am Abend zuvor nur halb ausgetrunken und darum absichtlich abseits in einem stillen Winkel abgestellt hatte. Sie fühlte sich bestohlen, und das in einem Kloster!
Wir gingen der Sache nach und fanden heraus, dass sie ihren Wein ausgerechnet dort abgestellt hatte, wo die Bedienung die Flaschen abgereister Gäste sammelte, damit die Weinreste noch in der Küche verwendet werden konnten. Ihr habgierig gehüteter Wein war also in die Bratensoße aller Gäste geflossen. Gott hatte – zum

Ergötzen aller – aus einem weiblichen Geizhals eine großzügige Gastgeberin gemacht. Beim Essen der leckeren Soße konnte sie auch endlich einmal selbst über sich lachen, herzlich und befreit.

Es lohnt sich zu leben, weil die Probleme so klein sind

Das Leben besteht nicht nur aus Annehmlichkeiten. Es gibt unangenehme Pflichten, ausgesprochen lästige Dinge auf der To-do-Liste. Es ist nur zu verständlich, dass wir diese Dinge gern vertagen. Über Wochen hinweg, manchmal Monate, und es gibt sogar Angelegenheiten, die schieben wir über viele, viele Jahre.

Solche hinausgezögerten Aufgaben haben eine ganz merkwürdige Eigenschaft. Je weiter man etwas weg-

schiebt, um so größer wird es. So groß, bis es uns Angst einjagt und wir einen immer weiteren Bogen darum machen. Genau wie bei Turtur, dem Scheinriesen, aus der Geschichte von Jim Knopf und Lukas, dem Lokomotivführer. Von weitem gesehen war er furchterregend groß, und keiner wollte zu ihm. Deswegen blieb er sehr einsam und traurig. Aber wer es gewagt hatte, sich ihm zu nähern, der konnte sehen, wie er immer kleiner wurde und zu einem ganz normalen, freundlichen Menschen schrumpfte.

Man kann es nur erfahren, wenn man es ausprobiert: Nähern Sie sich mutig den aufgeschobenen Grässlichkeiten. Wenn Sie ganz nah dran sind, dann werden Sie sich wahrscheinlich wundern, dass Sie davor so viel Angst und Abscheu hatten.

Es lohnt sich zu leben, weil es Flohmärkte und Trödelläden gibt

Flohmärkte und Trödelläden sind kollektive Plätze der Selbsterkenntnis – getarnt als harmloses Freizeitvergnügen. Ihre Weisheit erschließen sich angenehmer Weise ganz beiläufig beim entspannten Bummeln und Herumschlendern zwischen den Verkaufsständen. Während man den Späherblick über das bunte Durcheinander schweifen lässt und wie ein Detektiv nach „Etwas" sucht, von dem man gar nicht sagen könnte, was es eigentlich ist, wird nicht nur unser Auge scharf gestellt, sondern auch unser Bewusstsein. In Bruchteilen von Sekunden können wir entscheiden, was uns gefällt und was nicht. Dann kommt der entscheidende Punkt: Wie im Märchen führt uns jedes Wunschobjekt zu drei Toren oder Wahlmöglichkeiten. Wir müssen uns entscheiden, durch welches wir gehen wollen.

Tor eins heißt Freiheit: Diesen Krempel brauche ich wirklich nicht. Ein Glück, dass so etwas nicht bei mir zu Hause herumsteht! Von ähnlichem Zeug habe ich mich auch getrennt, himmlisch, wenn man das los ist! Wer durchs Tor der Freiheit geht, kann vergnügt mit leeren Händen nach Hause spazieren. Der Besuch hat sich auch so gelohnt.
Tor zwei heißt Verlockung: Bei allem, was mir ins Auge sticht und spontan gefällt, steht meine Verführbarkeit auf dem Prüfstand. Ein neues Objekt der Begierde lockt – aber ist es die beste Wahl? Wie lange wird seine Faszination auf mich anhalten? Widerstand oder Ergebung lautet hier die Aufgabe im mentalen Trainingsprogramm: Was will ich wirklich? Wie immer man sich entscheidet, es lohnt bestimmt, sich in solchen Fragen auf dem harmlosen Feld des Trödelmarktes zu üben. Im „Ernstfall" kann man davon profitieren.
Über dem dritten Tor steht Sehnsucht: Wer hier hindurchgeht, der vertraut auf das Glück des Finders. Man geht zum Trödelmarkt und weiß plötzlich: Hier irgendwo steht genau das, wonach ich mein Leben lang gesucht habe. Etwas, das meine Seele anspricht, das sofort eine Beziehung zu mir hat. Etwas, das ich mit meiner Lebens-

geschichte verknüpfen kann. Etwas, das zu mir gehört und mein Zuhause persönlicher macht. Etwas, das ich zu neuem Leben erwecken kann. Hier muss man zugreifen, denn dafür lohnt es sich, über Flohmärkte zu bummeln.

Es lohnt sich zu leben, weil Philosophie Lebenskunst ist

Es gibt einen wundervollen Satz in den Weisheitsbüchern des Alten Testaments:
„Es ist besser zu gebrauchen, was vor Augen ist, statt nach anderem zu verlangen“ *(Prediger 6,9)*.
Er war mein Zauberwort in schwierigen Zeiten. Als das Geld knapp war, als die berufliche Weiterentwicklung

wegen der Kinder stockte – mit diesem Satz im Kopf gab es immer eine Möglichkeit. Und zwar eine überraschend naheliegende.

Erst kürzlich fand ich denselben Gedanken bei dem römischen Philosophen Seneca in seinen Briefen an Lucilius: „Man darf sein Verlangen nicht auf Entferntes richten", rät er. „Nur in der näheren Umgebung wollen wir ihm Ausgang gestatten, weil sich Verlangen nun mal nicht ganz einsperren lässt." Seneca schlägt vor, bei Problemen die Blickrichtung zu ändern. Wer nur auf das momentan Unmögliche oder Schwierige starrt, entwickelt bald das fatale Gefühl, dass gerade ihm zu viel verwehrt bleibt, während andere es doch so viel besser haben. Solche Gedanken sind mentale Kolbenfresser. Wo sie sich breit machen, regieren bald Hoffnungslosigkeit, Unzufriedenheit und Neid.

Senecas Selbstschutz vor diesen Stimmungskillern lautet: Man muss sich auf die nächste Umgebung konzentrieren und aufspüren, was es hier an Möglichkeiten gibt: „Auch im Naheliegenden kann etwas liegen, das unseren Hoffnungen entgegenkommt." Ein echter Philosoph wie Seneca denkt praktisch und liefert das Rezept für mehr Gelassenheit gleich mit: 1. Man muss sich an seine Situation anpassen. 2. Man sollte möglichst wenig darüber jammern. 3. Man sollte sich alles, was an Positivem in dieser Situation steckt, umgehend zu eigen machen. Das gilt für jede Art von Problem: Man will ein Haus bauen, aber das Grundstück ist lächerlich klein? Die Antwort des Philosophen: „Winzige Grundstücke haben schon oft durch geschickte Aufteilung für vielfache Nutzung Platz geboten." Mit anderen Worten: Spielraum ist immer da, man muss ihn nur entdecken.

Es lohnt sich zu leben, weil Licht spricht

Es ist eine der erregendsten Entdeckungen der letzten Jahre: Licht-Energie ist nicht nur einfach Power. Sondern Licht enthält Information. Es strömt nicht einfach „nur so", sondern in winzig kleinen, pulsierenden Abschnitten. In den unglaublichen Mengen Licht, die unsere Sonne ständig von sich gibt, sind unglaubliche Mengen Informationen enthalten.

Informationen, die zusammen mit vielen anderen Faktoren notwendig waren für die Entstehung des Lebens. Die Zellen unseres Körpers empfangen Licht. Sie können dieses Licht speichern, und sie verständigen sich auch untereinander mit Licht. Immer ist es Licht, das Informationen enthält – vermutlich die entscheidenden Informationen für unsere Entwicklung. Gibt es dabei Störungen, kann beispielsweise Krebs entstehen.
Eine hochkomplizierte Materie, und doch ist der Grundgedanke ganz einfach. Er ist enthalten in den zwei berühmten großen Anfängen, von denen in der Bibel erzählt wird. Im Johannesevangelium heißt es: „Am Anfang war – das Wort." Logos, Logik, oder eben: Information. Und das erste Wort Gottes steht am Anfang des ersten Buchs Mose: Gott sprach: „Es werde – Licht."

Es lohnt sich zu leben, weil es immer schöner wird, wenn man es sich ein bisschen schöner macht

Die französische Designerin Andrée Putman ist eine der berühmtesten Inneneinrichterinnen der Welt. Ein Multitalent, das die Innenausstattung von Autos, Büros und Hotels genauso wie Geschirr und Bleistifte entworfen hat. Die gebürtige Pariserin kreierte ihren intuitiven Stil jenseits professioneller Ausbildungswege, indem sie ihr Können „nur für Freunde" einsetzte. Dabei hat sie ein

Credo entwickelt, das sich mit einem Satz sagen lässt: „Stil heißt, Schönheit in einfachen Dingen entdecken." Also gerade auch bei den Alltagsgegenständen, die wir im täglichen Gebrauch um uns haben. Oder in Andrées eigenen Worten: „Die Schönheit eines Löffels ist atemberaubend."

Für Andrée Putman braucht man beim Einrichten und Dekorieren nicht unbedingt viel Geld, aber ein „Gefühl für jenes geheime Wissen, dass einfache Dinge sehr viel schöner sein können als etwas Kostbares". Die Schönheit des Einfachen selbst verleiht einer Wohnung schon genug Glanz und Farbe. Darum rät Andrée Putman auch, sich mit Farben eher zurückzuhalten: „Ich liebe Farben, wenn sie nicht im Übermaß vorhanden sind. Das Leben hat seine eigenen Farben: die Freunde, Blumen, Dinge. Man braucht also für die Inneneinrichtung nicht soviel davon."

In einer Wohnung spielt auch das Bedürfnis nach persönlichem Komfort ein Rolle. Dem darf man ruhig nachgeben, sollte aber darüber ein anderes wichtiges Element der Entspannung nicht vergessen: „Natürlich habe ich gern sieben Kissen im Rücken, aber körperliches Wohlergehen ist nicht das Wichtigste. Ich ziehe geistiges Wohlergehen vor; damit meine ich Raum, Licht, kontrastierende Materialien und klare Linien. Ich suche nie nach direktem Komfort, sondern nach etwas, das auch meinem Geist erlaubt, sich zu entspannen."

Es lohnt sich zu leben, weil wir nicht alleine sind

Wir Menschen leben in dem unbehaglichen Bewusstsein, die einzigen Lebewesen zu sein, die ihre Artgenossen vernichten können. Doch es gibt eine Tierart, die vergleichbare Techniken von Aggression und Unterdrückung entwickelt hat wie wir Menschen.

Es sind die Ameisen, die in unvorstellbar großer Zahl unseren Planeten bevölkern. Vorsichtige Schätzungen sprechen von über 50 Trillionen, das sind 10 Millionen Ameisen pro menschlichem Erdbewohner, ein halbes Ameisenvolk also. Alle Ameisen zusammen wiegen mindestens so viel wie die Menschheit.

Im Lauf der Evolution haben sie ein Staatswesen entwickelt, das Stoff für einen Horrorfilm wäre: Bis auf die Königin und ein paar Drohnen sind alle Arbeiterinnen und Soldatinnen zeugungsunfähig. Sie sind genetisch so programmiert, dass sie sich aufopfern für die Gemeinschaft. Sie greifen andere Ameisenvölker an, hungern sie aus, töten die meisten und versklaven die stärksten der feindlichen Schwestern.

Sind sie deswegen böse? Wohl kaum. Aber ich vermute, Krieg und Aggression hängen auch mit der Größe eines Volkes zusammen, bei Menschen wie bei Tieren. Das, was wir Böses nennen, gibt es also nicht nur im einzelnen Menschen, sondern es gibt auch eine Art von Bösem, die erst in einer Gemeinschaft entstehen kann. Die von jedem Einzelnen gewaltige Anstrengungen verlangt, damit sie uns nicht überwältigt.

Es lohnt sich zu leben, weil unsere Wünsche in Erfüllung gehen können

Vor fast 3000 Jahren lebte ein junger Mann im Orient. Er sah eines Nachts im Traum, dass Gott ihm erschien und sagte: „Du hast einen Wunsch frei. Was willst du haben?“ So ein Augenblick, das ist das große Los. Die Superchance! „Alles ist möglich“, sagt Gott. „Was willst du haben? Such dir was aus, du bekommst es.“ Der junge Mann überlegte, was man sich alles Großes wünschen kann: ein langes Leben, Gesundheit, Schönheit, Glück, Ruhm, Erfolg, Reichtum, Liebe!

Nichts von all dem wollte der junge Mann. Nachdem er eine Weile nachgedacht hatte, sagte er: „Eigentlich weiß ich noch gar nicht, worauf es wirklich ankommt im Leben. Ich kann überhaupt nicht zwischen den guten und den schlechten Dingen im Leben unterscheiden. Ich weiß auch noch nicht, wie ich mich orientieren soll und

verstehe so vieles nicht bei mir und bei anderen. – Darum wünsche ich mir am besten ein weises und verständiges Herz." Und Gott, so erzählt die Geschichte weiter, gefiel dieser Wunsch so gut, dass er ihn erfüllte. Und diesem jungen Mann obendrein all das schenkte, worum er nicht gebeten hatte: Reichtum, Ansehen, ein langes Leben.
Der junge Mann war ein israelitischer Prinz und hatte mit 20 Jahren gerade den Thron seines Vaters bestiegen. In die Geschichte ging er ein als ein Mann von Souveränität und Weisheit. Sein Name: König Salomo.

Es lohnt sich zu leben, weil uns die Liebe verwundbar macht

Es wird viel geträumt von der großen Liebe. Vom Glück zwischen zwei Menschen, von der großen Harmonie, die so selten erscheint. Ein Traum, der eine Weisheit erst noch lernen muss: Es gibt keine Liebe ohne Verwundung.
Der antike Gott Amor arbeitete mit Pfeil und Bogen. Weil einen die Liebe oft unvermittelt trifft, so glauben viele. Aber dahinter steckt noch eine tiefere Aussage: Wenn sich zwei Menschen ineinander verlieben, werden sie beide an mindestens einem Punkt empfindlich verletzt. Wer liebt, gibt etwas auf – seinen Schutz. Er öffnet sich weit für den anderen. Das ist das Paradoxe in der Liebe: Je stärker wir lieben, desto schwächer macht sie uns. Die Liebe braucht diese offene Stelle, um strömen zu können. Es bleibt eine Wunde, die sich nie wieder ganz schließen wird.
Und doch ist es gerade diese Wunde, die das neue, das gemeinsame Leben erst ermöglicht. Zusammen werden die beiden Verwundeten stark und können Wunder vollbringen.
Es gibt keinen risikolosen Weg für die Liebe zwischen zwei Menschen. Die Liebe, das größte Geschenk, hat einen hohen Preis. Nichts ist schöner, als ihn zu bezahlen.

Es lohnt sich zu leben, weil es oft auch anders herum geht

Ein Haushalt setzt sich im Durchschnitt aus rund 10 000 Dingen zusammen. Darunter befinden sich eine Menge praktischer Sachen, die uns das Leben leichter machen sollen. Aber schicken Sie mal einen Linkshänder los – und Sie werden erleben, dass sich all die vielen Nützlichkeiten in Teufelszeug verwandelt, das einem das Leben schwer macht. Die Maßeinteilung auf der Innenseite von Messbechern bekommt nur ein Rechtshänder zu Gesicht. Der Verschluss einer Brosche dreht sich in die falsche Richtung. Das Kartoffelschälmesser versagt in der linken Hand. Die Schere hat falsch geformte Fingergriffe, die beim Schneiden weh tun.

Seltsamerweise hat es nie einen kollektiven Protest der immerhin etwa 10 Prozent Linkshänder gegen diese „Verschwörung von rechts" gegeben. Sie haben sich an die – aus ihrer Sicht – doch ziemlich verkehrte Welt angepasst. Sie suchen geduldig nach Computermäusen, Bügeleisen, Heckenscheren und Schöpfkellen, die so „neutral" konstruiert sind, dass sie auch mit links funktionieren. Notfalls spannen sie die Gitarrenseiten andersherum auf oder häkeln spiegelverkehrt.

Weil Linkshänder sich immer etwas einfallen lassen müssen, sind nicht wenige von ihnen besonders kreativ geworden. Die Maler Albrecht Dürer, Leonardo da Vinci und Paul Klee waren Linkshänder. Musiker wie Paul McCartney, Jimi Hendrix oder Bob Dylan gehören zu ihnen, aber auch Ludwig van Beethoven und Sergej Prokofjew. Auf der Liste stehen auch viele Schauspieler wie

Charlie Chaplin, Robert De Niro, Whoopi Goldberg, Goldie Hawn, Marilyn Monroe, Robert Redford und Julia Roberts. Nicht zu vergessen große Menschen wie Friedrich Nietzsche, Albert Schweitzer und Albert Einstein. Sie alle haben bewiesen, dass es auch anders herum geht. Was Sie ja längst wissen, wenn Sie Linkshänder sind – wie wir, Marion und Werner Tiki Küstenmacher, auch.

Es lohnt sich zu leben, weil es Witze gibt

Es gibt viele Witze über Himmel und Hölle, und einen mag ich besonders: Im Himmel sind die Franzosen die Köche, die Italiener die Liebhaber, die Deutschen regeln die Wirtschaft, die Schweizer regieren, die Engländer stellen die Polizisten, und die Amerikaner machen Filme darüber.

Und in der Hölle? Da sind die Engländer die Köche, die Schweizer die Liebhaber, die Italiener regeln die Wirtschaft, die Franzosen regieren, die Deutschen stellen die Polizisten – und die Amerikaner machen Filme darüber.

Da steckt viel Wahrheit drin: Denn Himmel und Hölle sind, denke ich, sehr ähnliche Orte, mit den gleichen Menschen. In jedem von uns steckt beides, je nachdem, was man mit uns macht, wo man uns einsetzt. Und das Essen, die Liebe, das Geld, die Politik, die Sicherheit,

oder ein Spielfilm – alles kann himmlisch wunderbar oder höllisch gemein sein.
Vielleicht wird es am Ende doch so kommen, wie es sich Martin Luther einmal vorgestellt hat: Da sitze ich im Himmel, und neben mir ist einer, für den ist genau dieser Himmel die Hölle.

Es lohnt sich zu leben, weil es nicht auf die Verpackung ankommt

Albert Einstein liebte es lässig, ganz besonders in Kleiderfragen. Von Eleganz hielt er nicht viel. Als seine Frau ihn ermahnte, er solle in Bezug auf seine äußere Erscheinung doch nicht so nachlässig sein und sich für ein Abendessen bei Freunden ordentlich herrichten, erwiderte er: „Wieso, dort kennt mich ja jeder."
Als ihm gesagt wurde, er möge sich bitte für seine erste große internationale Konferenz sorgfältig kleiden, war seine Antwort: „Wieso, dort kennt mich ja niemand."
Statt Anzügen mochte er lieber bequeme Pullis und verbeulte Hosen. Einstein trug auch niemals Strümpfe. Selbst als er zu Präsident Roosevelt ins Weiße Haus eingeladen war, zog er keine an, weil er fand, dass er nun ein Alter erreicht habe, „in dem ich dann, wenn mir jemand sagt, ich solle Socken tragen, das nicht tun muss."
Sein Markenzeichen, die wilde Mähne des „verrückten Professors", kam ganz einfach dadurch zustande, dass er keine Lust hatte, zum Friseur zu gehen, und seine kurzsichtige Frau Elsa ihm die Haare schneiden musste.
Einstein fand, dass die „Tüte nicht wertvoller sein dürfe als das darin verpackte Fleisch". Und dabei blieb es. Er hatte keine Lust, als „Tafelaufsatz" bei Gesellschaften zu dienen und sich dafür herausputzen zu müssen. „Ich kleide mich stets nachlässig, auch bei dem heiligen Sakrament des Dinners."
Der Professor hatte das Gesetz des Unkonventionellen entdeckt und gestand mit entwaffnender Ehrlichkeit: „Man kann sich durch Verstoßen gegen den guten Ton

eine schöne Ungestörtheit verschaffen." Weniger Look, weniger Druck! Dafür aber genug Freiheit, man selbst zu sein und Äußerlichkeiten nicht zu wichtig zu nehmen. Eine Relativitätslehre der selbstbewussten Bescheidenheit, die offensichtlich durch ihre Zeitlosigkeit besticht.

Es lohnt sich zu leben, weil jeden Tag Neues möglich ist

Die meisten Leute bevorzugen ein Hotel mit Swimmingpool. Aber nur wenige benutzen ihn dann auch. Es geht eben um das Gefühl, dass man ihn benützen *könnte*. Es ist wichtig für den Menschen, Möglichkeiten zu haben. Nicht eingeengt zu sein. Nicht ein Leben auf Schienen, sondern freie Bahn.
Aber im Laufe des Lebens werden die Möglichkeiten weniger. Mit 20 steht fest, dass Sie kein Sportstar mehr

werden können, wenn Sie bis dahin den Weg nicht eingeschlagen haben. Im Berufsleben ist mit 40 klar, welche Stufe in der Firmenhierarchie Sie nicht mehr erreichen können. Schmerzlich wird die Begrenztheit des Lebens bewusst.
Doch zugleich erweitern sich auf anderen Gebieten Ihre Möglichkeiten. Erinnern Sie sich an das grandiose Gefühl, als Sie mit 18 Jahren im Kino jeden Film ansehen durften?
Dann kommt es eigentlich nur darauf an, sich daran zu erinnern, dass Sie in einem Hotel mit Swimmingpool abgestiegen sind. Ja, richtig, werden Sie erleichtert denken, es gibt ja noch Möglichkeiten, die ich noch gar nicht ausgeschöpft habe!

Es lohnt sich zu leben, weil Präriehunde Kräuter mögen

Seht die Vögel unter dem Himmel: Sie säen nicht, sie ernten nicht, sie sammeln nicht in Scheunen, und euer himmlischer Vater ernährt sie doch. So hat es Jesus seinen Jüngern erzählt, und er wollte damit sagen: Macht euch nicht so viele Sorgen.
Da hat er sicher recht, aber seine Rede hinterlässt den Eindruck, als wären die Tiere unbekümmerte Kreaturen, die einigermaßen planlos in den Tag hineinleben. Das stimmt so nicht. Und das meinte er wohl auch nicht.

Die australischen Präriehunde, so fand man jetzt heraus, rupfen sich im Frühjahr eine Wiese kahl. Fressen tun sie das für sie ungenießbare Gras dabei nicht. Später, im Sommer, wachsen auf der „gemähten“ Wiese besonders wohlschmeckende Kräuter, die im hohen Gras keine Chance gehabt hätten. Also eine vorausschauende Planung, fast eine Art einfacher Landwirtschaft.

„Macht euch nicht so viele Sorgen“, das heißt nicht, alle Viere von sich zu strecken und auf Kosten der anderen zu leben. Sondern, so könnte Jesus auch sagen: Seht die Präriehunde in Australien an. Sie lassen sich nicht von Sorgen zerfressen. Aber sie freuen sich an den leckeren Kräutern, für deren Wachstum sie rechtzeitig gesorgt haben.

Es lohnt sich zu leben, weil wir nicht unfehlbar sind

Es vergeht kein Tag, an dem nicht irgend jemand, den wir kennen, einen Fehler macht. Natürlich sind wir selbst auch nicht ohne jeden Makel. Aber trotzdem ist es meistens so, dass uns die Fehler der anderen schneller auffallen als unsere eigenen. Dann regen wir uns auf über die kleinen und großen Sünden unserer lieben Mitmenschen: was sie falsch gemacht haben, was sie hätten tun oder lassen sollen, was wir an ihrer Stelle besser gemacht hätten. Vielleicht sprechen wir es nicht immer offen aus, aber heimlich halten wir den anderen ganz gerne ihre Fehler vor. Vielleicht, weil es uns selbst entlastet und wir uns dann ein bisschen besser fühlen können. Trotzdem kann es auf Dauer keiner Beziehung gut tun. Wenn wir bei anderen Menschen immer nur ihre Fehler wahrnehmen, verlieren wir sie früher oder später. Was also ist zu tun? So komisch es klingt, der messerscharfe Blick, mit dem auch der kleinste Fehler blitzschnell wahrgenommen wird, ist eine Art Sehstörung. Eine spezielle Form der Kurzsichtigkeit, genauer genommen. Wer Augen hat, die nur bis zu den Fehlern sehen können, braucht dringend eine Sehhilfe: die Brille der Liebe. Sie hilft uns, mit freundlichen Augen durch alle negativen Schichten hindurch und an allen Mängeln vorbei bis auf den guten Grund zu sehen, der in jedem Menschen angelegt ist. Und da gibt es so viel Schönes und Liebenswertes zu entdecken, dass man gar keine Lust mehr hat, seine Zeit mit der Suche nach Fehlern zu vergeuden. Es lohnt sich einfach nicht!

Es lohnt sich zu leben, weil der Mond uns allen gehört

Ich besitze ein Grundstück auf dem Mond. Es ist sieben Millionen Quadratmeter groß, liegt direkt am Fuße des Kraters Gassendi, mit Blick auf das „Meer der Feuchtigkeit“, des mare humorum.

Ich habe es von einem amerikanischen Schelm gekauft, für gerade einmal 20 Dollar. Der hat sich beim Grundbuchamt von San Francisco eintragen lassen als Eigentümer des Mondes und aller Planeten außer der Erde. Wie gesagt, ein Schelmenstreich. Rechtlich bindend ist das nicht, der Mond ist wie alle Himmelskörper das Eigentum von niemandem.

Und doch, seitdem ich die kuriose Besitzurkunde habe von meinem Mondareal, das natürlich auf der Mondvorderseite liegt und daher Erdblick hat, seitdem sehe ich abends den Mond mit anderen Augen. Wie schön, freue ich mich bei dreiviertelvollem Mond, jetzt liegt mein Grundstück in der Sonne.

Ist das nicht verrückt? Was ist das überhaupt, ein Grundstück? Niemandem gehört wirklich irgend etwas, weder auf dem Mond noch hier auf der Erde. „Die Erde gehört dem Herrn," steht in der Bibel. Ein Grundstück, das ist eine Idee. Eine Absprache unter Menschen, die die einen arm macht und die anderen reich.
Weder die Erde noch der Mond noch das Universum ist unser Besitz, mit dem wir umgehen können, wie wir wollen. Wenn es überhaupt einen Besitzer gibt, dann den, der all das erschaffen hat. Dann gehören auch wir dazu.

Und sehen die Welt mit anderen Augen.

Es lohnt sich zu leben, weil nicht alle Tage gleich sind

Es gibt Feiertage, Gedenktage, Namenstage, und manchmal fallen mehrere Anlässe auf einen einzigen Tag und bilden reizvolle Kombinationen. Etwa der 11.11. – für die einen ist es der Martinstag mit Laternenumzügen, Martinsgans, dem heiligen Martin von Tours, der mit einem Bettler seinen Mantel teilte.
Zugleich beginnt am 11.11. um 11 Uhr 11 der Fasching – ein eher moderner Brauch, einer Schnapslaune entsprungen. Ein buntgewürfelter Tag. So bunt wie das Leben: die Not eines frierenden Bettlers und die Herr-

schaft der Narren, ein uralter Ritus des Lichtzaubers und eine alte Gewohnheit, sich vor den ganz kalten Tagen noch etwas Gänsefett anzufuttern.
Manch einer liegt abends im Bett und denkt zurück, nicht nur am 11.11.: Was war das nur wieder für ein Durcheinander! Wie soll das alles zusammenpassen? Aber aus solchen bunten Flicken ist unser Leben gewebt. Schön, dass nicht alle Tage gleich sind. Morgen kommen wieder neue Flicken dazu, neue Farben, neue Überraschungen. Eines Tages werden wir zurückschauen und ein wunderbares Muster darin entdecken.

Es lohnt sich zu leben, weil wir Schiffe bauen, um das sichere Land zu verlassen

Ein englisches Sprichwort sagt: „Ein Schiff, das im Hafen liegt, ist sicher. Aber dafür werden Schiffe nicht gebaut." Das Schiff ist ein altes Symbol für die Persönlichkeit des Menschen. Mit seinem „Lebensschiff" fährt er über das „große Wasser Leben" und wird von Glück und Unglück begleitet, muss unbekannte Gefahren meistern und darf dabei sein letztes Ziel, die Rückkehr in den „Heimathafen", nicht vergessen.

Der berühmte Seefahrer Sir Francis Drake (1543–1596) schaffte mit der „Golden Hind", dem letzten aus einem Geschwader von fünf Schiffen, 1577–80 die Weltumsegelung. Abenteuerlust und Zuversicht verließen den englischen Freibeuter auch bei Tiefschlägen nicht. Als die „Golden Hind" wegen zu schwerer Fracht in Celebes auf ein Riff auflief, ließ er die kostbare Ladung Gewürznelken kurzerhand über Bord werfen, obwohl sie ihn ein

Vermögen gekostet hatte und ein noch größeres hätte einbringen sollen. Er war überzeugt, dass er als reicher Mann nach England zurückkehren würde, und er behielt letztlich recht.
Nicht jedes hohe Risiko lohnt sich. Wer aber die Mühen des Weges scheut und aus lauter Angst einfach im sicheren Hafen liegen bleibt, versäumt das Wesentliche, die Reise zu sich selbst. Und etwas Lohnenderes als das muss man erst einmal finden.

Es lohnt sich zu leben, weil wir anderen zustimmen können

Von Marlene Dietrich, der Leinwandlegende und gefeierten Hollywoodgöttin weiß man, dass sie mit dem Verblassen ihrer Schönheit nicht fertig wurde. Sie verbarg ihr Gesicht, igelte sich in ihrer Pariser Wohnung ein und hörte sich in ihrer Einsamkeit Platten an, auf denen nichts anderes zu hören war als – Applaus.
Ehrlicher, spontaner Applaus ist eine frohe, herzliche Zustimmung. Er sagt: Wie du gerade bist und was du gerade machst, gefällt mir. Ich stimme dir gerne zu! Der Applaus füllt die Vorratsspeicher unseres Selbstwertgefühls genauso wie ein anerkennender Blick, ein freundliches Lob oder ein dankbarer Händedruck.
Zu einem gesunden Selbstwertgefühl gehört aber auch, dass man sich selber zustimmen kann, selbst wenn die

Anerkennung durch andere einmal ausbleibt. Etwa, wenn man älter wird und die äußere Schönheit oder Attraktivität langsam verblasst. Marlene Dietrich hatte, wie andere Berühmtheiten auch, ihre Schwierigkeiten damit. Der Applaus aus der Konserve war ihr Ersatz für die wohltuende Erfahrung der Zustimmung durch andere. Dabei hätte es eine ziemlich einfache Lösung für sie gegeben. Sie hätte lernen können, *anderen* zu applaudieren. Ihren jüngeren Kolleginnen und Kollegen. Dem Himmel über Paris. Der Morgenluft und dem Abendrot. Der ganzen Schönheit dieser Erde. Diese Form der Anerkennung, mit dem Herzen gegeben, stiftet eine wundervolle, lebenslange Verbundenheit mit allem. Sie nährt das Herz, ist das Gegenteil von Einsamkeit und immer einen Applaus wert.

Es lohnt sich zu leben, weil auch Kängurus erst mal kleine Sprünge machen

Die australischen Riesenkängurus haben eine ungeheure Sprungkraft: Über drei Meter hoch und bis zu 13 Meter weit kann ein einziger Sprung gehen. Dabei kann man sich kaum vorstellen, dass ein neugeborenes Kängurubaby nur 1 Gramm wiegt und nicht einmal 2 Zentimeter groß ist. Es kann keine großen Sprünge machen, sondern nur in den Beutel seiner Mutter klettern. Der

Beginn einer großen Springerkarriere gleicht eher dem hilflosen Schlängeln und Zappeln eines Regenwürmchens.
Wenn Sie manchmal etwas schwer in die Gänge kommen oder öfters mal den Absprung nicht so recht schaffen für den nächsten Schritt in Ihrer persönlichen Entwicklung, dann haben Sie im Känguru das richtige Wappentier gefunden. Große Sprungkraft entwickelt sich offensichtlich auch dann, wenn man nichts überspringt. Mit Besonnenheit und Stehvermögen kommt man eben auch zum Ziel. Manchmal sogar besser als die Sprunghaften, die bei vielem schnell wieder abspringen.
Sie befinden sich übrigens in bester Gesellschaft, denn auch der dänische Philosoph Sören Kierkegaard hat sich im Känguru wieder gefunden: „Ich bin etwas unproportioniert gebaut. Wie das Känguru habe ich ganz kurze Vorderbeine, aber unendlich lange Hinterbeine. Für gewöhnlich sitze ich ganz still; komme ich aber einmal in Bewegung, so mache ich einen ungeheueren Sprung – zum Entsetzen aller derjenigen, mit welchen ich verbunden bin."
Warnen Sie also Ihre Liebsten ruhig ein bisschen vor, wenn Sie zum großen Sprung ansetzen und nehmen Sie die verwunderten Blicke gelassen hin. Das Warten hat sich gelohnt!

Es lohnt sich zu leben, weil das Böse uns mal kann

In so mancher mittelalterlichen Kathedrale gibt es höchst weltliche Darstellungen von Orgien und Saufgelagen, von Taschendiebstahl bis zur Pornographie. Meistens links und rechts vom Altar; dort, wo das sogenannte Chorgestühl ist. Da saßen die Mönche oder Chorherren auf holzgeschnitzten Klappsitzen, und darunter finden sich die abenteuerlichsten Bilder aller menschlichen Ausschweifungen und Laster. Äußerst lebensnahe Abbildungen von Mord und Betrug, Lüge und Eitelkeit, Egoismus und Arroganz.
Aber warum? War das nur der Spaß der Schnitzer, die sich dort verwirklichen wollten? Nein, die Auftraggeber bestanden auf diesen Bildern. Denn sie hatten etwas sehr Kluges erkannt: Gerade auf den besten Plätzen, wo die

heiligsten, vornehmsten und prominentesten Christen sitzen, noch dazu während der vornehmsten und heiligsten Messe – auch da ist das Böse keineswegs automatisch ausgeschaltet. Nein, es ist immer da. Es bedroht uns immer. Und immer brauchen wir die Energie, dagegen anzukämpfen.
Zugleich ist der Platz des Bösen gut gewählt. Es ist überdeutlich, wo es hingehört. Vielleicht wäre es gar nicht so verkehrt, ich würde mir mein Lieblingslaster, dem ich immer wieder zu erliegen drohe, unter meinen Schreibtischstuhl kleben. Selbst wenn ich selber nicht dran denke, würde doch wenigstens mein Hinterteil sozusagen still meditieren und zur Versuchung sagen: Weißt du, wo du mich mal kannst?

Es lohnt sich zu leben, weil es Grenzen gibt

Ganz gleich, ob Sie in einer Wohnung leben oder in einem Haus, auf engem Raum oder mit viel Platz – irgendwo kommt eine Grenze. Eine Tür, eine Wand, ein Zaun, eine Hecke. Da beginnt das Reich des anderen. Geschlossene Türen, Mauern und hohe Hecken machen einen manchmal traurig oder zornig. Da ist es gut, sich daran zu erinnern, wie solche Grenzen entstanden sind. Es sind Werke der Liebe. Der andere Mensch ist die mir gesetzte Grenze. Ganz gleich, ob es mein Partner ist, mein Kind oder mein Nachbar. Aus Liebe zu mir selber und aus Liebe zu ihm werde ich diese Grenze achten. Wenn meine Liebe aber zerstört ist, dann werde ich auch diese Grenze hassen. Ich werde diese Grenze missachten, mit schamlosen Bemerkungen, mit Lärm oder mit großen Bäumen, die möglichst weit ins Nachbargrundstück ragen. Ich will den anderen kontrollieren, ihn ohne Grenzen besitzen, wenigstens symbolisch, oder ihn grenzenlos vernichten.

Den richtigen Abstand zu wahren, das ist das Geheimnis der Kultur, das Geheimnis des Zusammenlebens von Menschen, und letztlich auch das Geheimnis der Liebe.

Es lohnt sich zu leben, weil man mit Scherben auch Glück anrichten kann

Es lohnt sich für Erwachsene, noch einmal in den Büchern der eigenen Kindheit zu schmökern. Astrid Lindgren zum Beispiel, die berühmte Kinderbuchautorin aus Schweden, war eine Meisterin in der Kunst, die Probleme der Erwachsenen im Handumdrehen mit der Logik eines Kindes aus der Welt zu schaffen. In ihrem Buch „Karlsson vom Dach" präsentiert sie so ganz nebenbei die netteste Lösung, wie man sich guten Gewissens von unvollständigen Servicen trennt. Weil solche Altlasten aus Steingut, Bone-China und Bleikristall anscheinend mehr von Frauen als von Männern verteidigt werden (die Herren horten lieber Elektroschrott), gibt sie ihren Rat von Frau zu Frau in einer emotionalen Logik ab, die Wunder bewirken kann. Also aufgepasst, liebe Besitzerinnen von angeschlagenem oder unvollständigem Geschirr, das seit Jahren pietätvoll in unseren Küchen- und Esszimmerschränken lagert, aber leider nie die Sonntagstafel oder den Küchentisch ziert. Astrid Lindgrens lässige Geschirr-Weisheit lautet:

„Weshalb soll die Suppenschüssel heil bleiben, wenn die Teller kaputt sind? Sie würde sich bloß einsam fühlen, die arme Suppenschüssel."

Ein Kinderbuchsatz, aber unschlagbar weiblich argumentiert. Einsam fühlen sich diese voluminösen Dinger! So herzlos will man nicht länger sein. Unser Einfühlungsvermögen und die plötzliche Einsicht in Einsamkeit und Leid der armen Zurückgebliebenen motivieren

zum finalen Gnadenstoß. Ballast abwerfen! Um die Polterabendstimmung zu steigern, kann man sich dazu ein paar italienische Opern auflegen und schwungvoll den Abgang all derer inszenieren, die viel zu lange das belegt haben, was wir selbst unbedingt brauchen:
Platz. Viel Platz.

Es lohnt sich zu leben, weil wir ein Wunderwerk aus Zellen sind

Schauen Sie einmal Ihre Hände an, Ihre Haut, fühlen Sie Ihren Körper. Er besteht aus über 100 Billionen Zellen, das sind 100 Millionen Millionen, oder – wenn jede unserer Zellen einem Menschen auf der Erde entspräche – so viele Menschen wie auf 20 000 Erden. Seit Sie angefangen haben, diese Buchseite zu lesen, sind über drei Millionen Zellen in Ihrem Körper gestorben, und ebenso viele sind in diesem Zeitraum geboren worden.
Leben besteht aus ständigem Sterben und Geborenwerden. Das funktioniert nur, wenn alle Zellen verwoben sind in einen gemeinsamen Prozess. Jede einzelne Zelle kennt ihren Ort und ihre spezielle Fähigkeit.
Die Natur ist faszinierend in ihrer Vielgestaltigkeit und in ihren Möglichkeiten, von der Konstruktion des menschlichen Auges bis zu den Mustern des Schmetterlingsflügels, von den Adern in einem Blatt bis zur Form des

Schildkrötenpanzers. Manche Menschen beginnen, Gott zu loben und zu preisen, wenn sie es mit dieser Wunderwelt ihrer eigenen Biologie zu tun bekommen. Andere bleiben kühl und ruhig. Ein Gottesbeweis, sagen sie ganz richtig, ist das alles nicht. Aber ein fantastischer Grund zu leben.

Es lohnt sich zu leben, weil wir in die Luft gehen können

Nie waren wir der Himmelfahrt näher als in den letzten 100 Jahren. Man könnte das 20. Jahrhundert als das Jahrhundert der Luft bezeichnen, und das 21. Jahrhundert wird in noch viel stärkerer Weise eines sein. Wie viele Generationen haben vom Wunder des Fliegens geträumt, und erst seit gerade einmal drei Generationen ist es möglich. Halbwegs erschwinglich ist es erst in unserer Generation geworden. Wir haben uns verblüffend schnell daran gewöhnt. Das Wunderbare daran empfinden wir vielleicht einen kurzen Augenblick lang, wenn wir beim Start staunend im Flugzeug erleben, wie die Luft unter den Flügeln das schwere Gefährt trägt.
In den Kindheitstagen der Menschheit waren es die Priester, die die Visionen vom Reisen in der Luft wach hielten. Möglicherweise gab es in Südamerika sogar Heißluftballons, die zu kultischen Zwecken genutzt wurden. Fliegen, das hieß „Sein wie die Götter“. Sich erhe-

ben, sich Gott nähern, das ist die Sehnsucht unserer Seele: leicht und frei zu sein, getragen zu werden von der Luft, im Sonnenlicht Gottes.
Dann aber, als der alte Traum endlich Realität wurde, zog sich die Religion davon zurück. Kaum ein Wort über die religiöse Dimension und die symbolische Kraft des Fliegens. Stattdessen schlugen sich die Priester und Pfarrer lieber auf die Seite der Warner und Kritiker. Ob es nicht Frevel wäre, sich in die Luft zu erheben. Was man mit all dem Geld nicht Sinnvolleres hätte anstellen können. Schade. Etwas mehr Träumen und Staunen, Verwunderung und Dankbarkeit könnten wir durchaus vertragen, wenn wir uns in die Lüfte erheben und die Welt bereisen oder das Weltall erobern.

Es lohnt sich zu leben, weil wir Liebesbriefe schreiben und empfangen können

Einer der wundervollsten Momente, für den zu leben sich lohnt, ist der Augenblick, in dem man einen Liebesbrief in Händen hält. Wonneworte tun allen gut, den frisch Verliebten genauso wie den schon lang Verbandelten. Also, warum nicht heute noch der oder dem Liebsten diese Freude machen? Damit Ihr Liebesbrief aber nicht zur emotionalen Briefbombe mutiert, sondern für eine angenehme Überraschung sorgt, sollten Sie wis-

sen, was alles *nicht* in einen Liebesbrief gehört: Jammerei, Nörgelei, Forderungen, Vorwürfe, Schuldzuweisungen, Bevormundung, Kritik, Belehrungen sind tabu. Ebenso Schwulst, Floskeln und Plattitüden von der Art „Ich liebe dich, Schatzi."
Die wirklich tollen Liebesbriefe folgen zwei einfachen Regeln.
Regel Nummer 1: Um den Empfänger dieses Briefes dreht sich die Welt. Er oder sie ist die Hauptperson, um die (fast) alle Gedanken kreisen. Regel Nummer 2 folgt aus Regel Nummer 1: Die Hauptperson wird in jeder Hinsicht gewürdigt und liebevoll beleuchtet. Dazu kann man in möglichst viele der folgenden fünf Beziehungskisten greifen: Kiste 1: Liebe und Vertrauen. Kiste 2: Lob und Bewunderung. Kiste 3: Respekt und Wertschätzung. Kiste 4: Bestärkung und Unterstützung. Kiste 5: Verständnis und Mitgefühl. Der Rest ist Ihre Sache. Sie können verträumt sein oder theatralisch, komisch oder ernst, melancholisch oder heiter, scheu oder frech. Sie dürfen seufzen, flehen, anhimmeln, beschwören, bewundern, nur eines sollten Sie nicht: langweilen!

Es lohnt sich zu leben, weil wir von den Tieren die Faulheit lernen können

„Geh hin zur Ameise, sieh an ihr Tun und lerne von ihr!" So steht es in der Bibel, im Buch der Sprüche, als Aufruf an die Faulen. Und wir haben das befolgt, haben zugesehen, wie die Ameisen unermüdlich ihre riesigen Hügel errichten, wie Vögel pausenlos Nester bauen und Bienen ununterbrochen Nektar sammeln.

Wie bei allen vermeintlich selbstverständlichen Beobachtungen lohnt es sich, genauer hinzusehen. Denn die Biologen belehren uns eines Besseren. „Tiere sind entsetzlich faul", so fasst der Biologe Adrian Forsyth seine Forschungen zusammen. Viele seiner Studenten gaben die Verhaltensforschung auf, weil sie dabei monatelang dösende Tiere anstarren müssen. Löwen liegen 22 von 24 Stunden herum. Selbst Bienen verbringen nur 30 Prozent des Tages mit Arbeit. Und sogar die Ameisen schuften zwar recht hart, aber über drei Viertel ihrer Lebenszeit, 78 Prozent, ruhen sie sich aus.

Der Mensch ist das einzige Arbeitstier, das die Evolution bisher hervorgebracht hat. Er verbringt im Durchschnitt zwei- bis viermal so viel Zeit mit Arbeit wie die Tiere. Wenn man das weiß, dann bekommt der Satz aus dem Buch der Sprüche eine neue Weisheit, die sehr gut in unsere hektische Zeit passt: „Geh hin zur Ameise, sieh an ihr Tun und lerne von ihr!

Es lohnt sich zu leben, weil wir ein Kompliment ans Leben sind

Wie halten Sie es mit Komplimenten? Den meisten Menschen fällt es furchtbar schwer, ein Kompliment anzunehmen. Sie wiegeln jedes Lob sofort ab. Es scheint so, als hielten sie es mit König Friedrich II. von Preußen, der von Nettigkeiten mit der Bemerkung abrückte: Ein Kompliment, das ans Herz geht, ist eine unerlaubte Annäherung.
Aber kann man das nicht auch anders sehen? Etwas Gutes an einem Menschen zu sehen und es ihm nicht zu sagen – ist das nicht ein unerlaubtes Fernbleiben? Echte Komplimente sind ein ehrlicher Ausdruck der Wertschätzung, die Sie einem anderen Menschen entgegenbringen. Dafür braucht man Aufmerksamkeit und ein Auge für die Vorzüge des anderen.
Nicht loben können wäre also ein Zeichen von Unaufmerksamkeit, Mittelmäßigkeit und persönlicher Anspruchslosigkeit. Eine ziemlich armselige Sache! Der englische Autor Oscar Wilde war der Meinung, Komplimente seien der einzig wahre Kitt für Beziehungen. Ein anerkennendes Nicken, ein Kompliment, ein Lächeln –

damit werden unsere Bemühungen am schönsten belohnt. Menschenfreundlichkeit heißt die große gemeinsame Währung, die alle reich macht, und das Kleingeld gibt es gratis dazu. Es schlüpft als Kompliment aus unserer Hand in die nächste und von dort weiter.
Der Dichter Friedrich Rückert hat seiner „lieben Schwiegertochter Anna" zu Weihnachten 1855 eine heiterkomische Hymne aus Komplimenten verehrt. Jedes maßgeschneidert und dem gemeinsamen Alltag entnommen. Hier ein paar Auszüge: „Allzeitunterhalterin, Gesprächsstoffentfalterin, Allesbestreiterin, Krankenkostbereiterin, Ordnerin, Schmückerin, Kopfkissenrückerin, Schlummerbecherfüllerin, Kalter Knie Umhüllerin ... Liebliche Verwöhnerin: Nimm dies Liebeszeichen hin, Wie ich dir dankbar bin." Ich bin sicher, die aufmerksame Anna hat diese Komplimente mit ihrem bezauberndsten Lächeln honoriert.

Es lohnt sich zu leben, weil wir so viel von einander lernen können

Ramon Llull, ein gelehrter Christ aus Mallorca, war vor über 700 Jahren ein absoluter Bestsellerautor. Sein höchst aktuelles Thema: die Versöhnung der Religionen. Llull erzählte folgende Geschichte:

In einem fernen Land lebte ein großer Gelehrter. Er war schon alt und dachte nach über das Glück dieser Welt. Er wusste nichts von Gott und der Auferstehung. In der Meinung, dass mit dem Tod alles vorbei sei, überwältigte ihn die Traurigkeit des Herzens.
Da traf er drei Weise, einen Juden, einen Christen und einen Moslem. Sie erkannten es als ihre Aufgabe, ihm das Dasein Gottes zu beweisen und ihm zu zeigen, dass Gott ganz Gutheit, Größe, Weisheit und Liebe ist. Am Ende erhob sich der Heide mit Tränen in den Augen, und er betete zu Gott: „O göttliches, unendliches, höchstes Gut! Aus allen Kräften verehre ich deine Liebe, die gut, groß, mächtig und vollkommen weise ist. Alle Tage meines Lebens will ich dir dienen und deine Liebe preisen."
Die drei Weisen waren tief verwundert über die glühende Gottesverehrung des Heiden. Sie erkannten, dass er zu einer Anbetung Gottes gelangt war, die ihre eigene weit übertraf. Sie gaben ihm zahlreiche Segenswünsche mit auf den Weg, und der Heide ihnen. Da fragte der Heide voller Erstaunen, ob sie denn nicht erfahren wollten, für welche Religion er sich entschieden habe.
Die Weisen antworteten, sie wollten es nicht wissen, damit ein jeder von ihnen glauben könne, er habe seine

Religion gewählt. Außerdem hätten sie jetzt eine wunderbare neue Fragestellung für ihren Dialog, um herauszufinden, welcher Religion der Heide den Vorzug geben werde – und einen guten Anlass, um sich weiterhin zu treffen.

Es lohnt sich zu leben, weil Liebe der beste Koch ist

Kochen Sie gerne? Für die Familie oder liebe Freunde selber zu kochen ist meistens billiger als ein Restaurantbesuch. Es ist aber auch deshalb so lohnend, weil wir beim Kochen nicht nur leckere und frische Zutaten in ein feines Essen verwandeln. Während wir Gemüse putzen, den Braten wenden und Salatsoßen abschmecken, verwandeln wir gleichzeitig unsere unsichtbare Wertschätzung, Achtung und Zuneigung für andere Menschen in überaus sichtbare Speisen. Sie sollen nicht nur den Hunger unserer Mägen stillen, sondern auch unseren Hunger nach Gesellschaft und vertrautem Gespräch. Selber für andere kochen nährt unser Gefühl für Freundschaften und Beziehungen. Das Essen und unsere Zuneigung – beides soll gut bekommen! Beides ist den Einsatz wert. Es geht also nie um die Speisen allein, sondern auch um unser Einfühlungsvermögen in die künftigen Esser, an die wir schon beim Einkaufen wie auch beim Kochen denken. Was mag wer? Was bekommt

wem nicht? Lassen sich die verschiedenen Vorlieben der Gäste in einem Menü vereinen? Ein guter Koch sollte auch ein Menschenkenner sein.
Bei den Hindus gibt es heute noch den alten Brauch, nur einen gereiften Menschen, einen klugen Brahmanen als Koch anzustellen. Einen Menschen mit reinen Gedanken und klarem Kopf, der sogar ein Guru, ein Lehrer der Weisheit sein konnte. Seine innere Reinheit, so glaubte man, übertrug sich während der Zubereitung auch auf die Speisen. Mit unserer Liebe und Zuneigung ist das nicht anders, denn es gilt:
Liebe ist der beste Koch!

Es lohnt sich zu leben, weil alles Lebendige zusammengehört

Es gibt viele Gelegenheiten, die Seele baumeln zu lassen. Sie liegen im Gras oder schwimmen im Wasser und fühlen: Ich lebe! Aber was ist das eigentlich: Leben? Biologen und Physiker tun sich merkwürdig schwer, den genauen Unterschied zwischen toter und lebendiger Materie festzuhalten. Beide bestehen aus Atomen und Molekülen. Wo beginnt Leben?

In Lebewesen und Pflanzen gibt es riesige Moleküle. Es gibt welche, da enthält ein einziges mehr Atome, als es Menschen auf der Erde gibt. Und diese Moleküle, so weiß man jetzt, bewegen sich. Sie verhalten sich wie ein lebendiges Wesen. Wodurch sie angetrieben werden, ist noch ungeklärt. Das Geheimnis des Lebens ist dadurch nicht gelöst. Aber man weiß jetzt, dass es bereits ganz, ganz tief in unserer Materie beginnt. Dass es bereits von Anbeginn der Schöpfung geplant sein muss.

Wenn Sie also die Seele baumeln lassen und fühlen: Ich lebe! – dann spüren Sie das Grundprinzip der gesamten Schöpfung. Alles lebt, alles gehört zusammen.

Es lohnt sich zu leben, weil man sich ins Schlafzimmer zurückziehen kann

„Es scheint paradox, dass das Schlafzimmer der bei weitem persönlichste Raum eines Hauses und gleichzeitig der am meisten vernachlässigte ist.“ Da hat Sir Terence Conran, der Inhaber von *conran shop*, wohl Recht. Der erste Raum, den wir am Morgen erblicken, der letzte am Abend, unser Aufenthaltsort während der ganzen Nacht – er hat unsere Aufmerksamkeit voll verdient. Elsie de Wolfe (1870–1950), eine legendäre amerikanische Raumausstatterin, räumte darum den Schlafzimmern ihrer Kunden immer oberste Priorität ein: „Ich glaube, dass in einem Haus alles behaglich sein sollte, aber das Schlafzimmer muss mehr sein als nur das: Es muss intim sein!“

Die meisten Menschen wünschen sich ihr Schlafzimmer als Oase der Erholung und Entspannung. Es ist unser privatestes Refugium, dem wir uns Nacht für Nacht anvertrauen. Unser Schlafzimmer sollte so aussehen, dass es uns das Gefühl gibt, hier jederzeit angenehme Stunden verbringen zu können. Unser Schlafzimmer sollte der Ort sein, wo wir uns auf der ganzen Welt am wohlsten und am meisten als ganzer Mensch fühlen können.

Messen Sie Ihre Räume nicht nur in Quadratmetern, sondern lieber an ihrer Schönheit oder dem guten Dienst, den sie Ihnen leisten. Viele Räume wirken besonders warm und einladend, weil ihre Bewohner mit Hilfe von ein paar kleinen Tricks ihre Wirkung gesteigert

haben. Einer davon lautet: Schaffen Sie in Ihrem Schlafzimmer Platz für eine Reminiszenz an einen angenehmen Ort Ihrer Kindheit, der Ihnen Geborgenheit vermittelte. Stoffe, Decken, Kissen, Lampen, Teppiche, Bilder, Farben, Düfte können dieses wundervolle Gefühl transportieren. Nutzen Sie diese Vielfalt von Möglichkeiten, um Ihr Urbedürfnis nach Schutz, Sicherheit und Wärme zu stillen. Dann wird Ihr Schlafzimmer seine eigene Intimität bekommen und Sie mit genau der Behaglichkeit umfangen, nach der Sie sich sehnen.

Es lohnt sich zu leben, weil sich der Sternenhimmel über uns wölbt

Es gibt einen Stern, der steht genau über dem Nordpol. Dadurch steht er immer an der gleichen Stelle des Himmels. Für einen Astronomen ist das keine Sensation. Aber ich habe lange gebraucht, das Wunderbare dieser Entdeckung zu begreifen. Wenn ich auf der Bank in meinem Garten sitze, steht der Polarstern immer genau einen Finger breit über der Spitze der Fernsehantenne auf dem Haus, zu jeder Jahreszeit und jeder Uhrzeit. Das ist sehr praktisch. Um den Polarstern scheint sich das ganze Weltall zu drehen. Vom Polarstern aus findet man schnell den Großen Wagen, und von dort kann man sich leicht weiterhangeln zu allen anderen Sternbildern. Plötzlich wird einem der Himmel mit seiner verwirrenden Menge von Sternen vertraut. Nicht dass ich sie alle kenne, aber ein paar feste Punkte genügen, um mich dort nicht mehr zu verlieren.
In der verwirrenden Vielfalt des alltäglichen Lebens nennt man so etwas Sinn. Ein einziger fester Punkt genügt, um sich nicht mehr im Gewirr der Stimmen und Aktivitäten zu verlieren.

❁

Es lohnt sich zu leben, weil es stille Augenblicke gibt

„Du brauchst einen Ort oder eine bestimmte Stunde, wenn nicht sogar einen Tag, an dem du nicht weißt, was am Morgen in der Zeitung stand, wer deine Freunde sind, was du irgend jemandem schuldig bist oder was irgend jemand dir schuldig ist. Dies ist ein Ort, an dem du schlicht erfahren und vorbringen kannst, was du bist und was du sein könntest. Es ist der Ort schöpferischer Entfaltung. Am Anfang mag es scheinen, als geschähe dort nichts. Aber wenn du einen heiligen Ort hast und von ihm Gebrauch machst, dann wird zur rechten Zeit das Richtige geschehen." Joseph Campbell wusste, dass es gute Orte gibt, die uns zur Ruhe bringen, indem sie uns zeigen, was alles nicht nötig ist. Sie sind leer, still und dazu da, um uns zu uns selbst zu bringen und damit zu erneuern. Natürlich spielt es keine Rolle, wie groß dieser Raum ist oder wo er liegt. Er muss nur für Sie selbst diese Bedeutung haben. „Denk für dich selbst, und alle Orte sind freundlich und heilig", riet der Dichter Ralph Waldo Emerson.

Freundlich, heilig, gelassen, das kann eine ruhige Ecke im Schlafzimmer sein, der fast leere Vorstadtzug oder eine stille Parkbank, die auf Sie wartet, wenn Sie den Hund ausführen. Leere Räume schaffen Augenblicke des Innehaltens, bei denen wir uns selbst wahrnehmen, tief aufatmen und in unserem Herzen eine Weite spüren – wie jemand, der den Blick hebt und auf eine große Landschaft sieht. Setzen Sie sich nicht unter Druck. Fangen Sie klein und bescheiden an, Ihren Raum des stillen

Gesammeltseins aufzubauen. Beim Anzünden einer Kerze zum Beispiel, wenn der graublaue Dunst des ausgeblasenen Streichholzes in feinen Schlangen nach oben schwebt und das gelbe Licht der Flamme wächst, haben Sie einen wundervollen tiefen Atemzug lang Zeit, ungeteilt bei sich zu sein und darüber zu staunen, wie viel Lebensfülle in ihm steckt. Schöpfen Sie ihn aus. Es lohnt sich.

Es lohnt sich zu leben, weil wir von der Stille des Wassers lernen können

Henry David Thoreau, amerikanischer Dichter und Philosoph, hat einen beträchtlichen Teil seines Lebens in der Einsamkeit verbracht. Ganz allein in einer Hütte im Wald, im Schweigen.

Einmal wurde er gefragt, wie er die Stille und die Einsamkeit verkrafte. Das ist nicht schwer, antwortete er. Es

ist wie die Ruhe eines Wassers, wenn sich kein Lüftchen regt. Wenn wir wie ein stiller See von reinstem Kristall werden, dann offenbaren sich uns mühelos unsere Tiefen. Das ganze Weltall zieht vorüber und spiegelt sich in unserem Grund.

Thoreau wunderte sich während seiner Jahre in der Einsamkeit, wie einfach es letztlich war, diese kristallklaren Tiefen der eigenen Persönlichkeit zu erreichen:

„Ich erwachte in einer Musik, die außer mir niemand hörte. Ich spürte, wie mein Schöpfer mich segnet. Die Welt war für mich ein Musikinstrument geworden. Schon eine leise Berührung schenkte mir einen herrlichen Ton, eine innige Freude."

Es lohnt sich zu leben, weil der Sonnenuntergang kostenlos ist

Jeden Abend geht die Sonne unter, und das sieht jeden Abend ein bisschen anders aus als am Abend davor. Der Sonnenuntergang ist, wenn nicht gerade eine total geschlossene Wolkendecke über dem Land hängt, eine großartige Show. Sie ist kostenlos, und sie lässt niemand, der sie sieht, kalt. Den Sonnenuntergang zu sehen, das ist der Inbegriff des ursprünglichen, einfachen Lebens. Hier kann man spüren, wie unser kleiner Planet von der Energie und der Gnade dieser großen Feuerkugel lebt. Einige wenige Menschen stehen auf, wenn es noch dunkel ist, entfliehen dem normalen Ablauf und erleben ganz bewusst die aufgehende Sonne. Dadurch machen sie es ihrer Seele leichter. Jäger und Bergsteiger tun das, auch viele meditativ lebende Menschen. Sie erleben den Übergang von der Dunkelheit zum Tag. Fast alle empfinden das als einen glücklich machenden Moment, ganz unabhängig vom Wetter. Dieses Gefühl scheint ganz tief in unserer Seele gespeichert zu sein, aus den Tagen unserer wilden Vorfahren, die unter freiem Himmel lebten: Die Dunkelheit ist vorbei, ein neuer, lebendiger Tag beginnt. Vielleicht gelingt Ihnen das auch einmal, dass Sie dem üblichen Mechanismus entgehen und den anbrechenden Tag erleben können. So schwer ist das nicht: Ein hohes Gebäude, ein kleiner Berg, oder eine Fahrt vor die Stadt, wo der Blick endlich einmal frei ist bis zum Horizont. Auch wenn Ihr Auge noch müde ist, ist es schon voller Sehnsucht nach dem Licht des neuen Tages. Wer den Tag so beginnt, lernt, das Gute und Wunderbare des Neuen zu erleben und dafür dankbar zu sein.

Es lohnt sich zu leben, weil wir älter und klüger werden

Wie werde ich sein, wenn ich viel älter bin als jetzt? Wie kann ich selbst die unangenehmen Eigenschaften vermeiden, die mich jetzt an manchen alten Menschen so furchtbar stören? Der irische Dichter Jonathan Swift hat sich diese Fragen auch gestellt, und im Alter von 52 Jahren hat er folgende „Selbstverpflichtungserklärung, wenn ich alt werde“ aufgeschrieben:

Ich werde keine junge Frau heiraten und mir auch nicht einbilden, ich könne von einer jungen Frau geliebt werden.

Ich werde die jeweilige Lebensweise, Denkart oder Mode nicht gering schätzen.

Ich werde nicht immer die gleiche Geschichte den gleichen Leuten erzählen.

Ich werde Anstand und Sauberkeit nicht vernachlässigen, aus Sorge, abstoßend zu werden.

Ich werde mit jungen Menschen nicht überstreng sein, sondern für ihre Torheiten Verständnis zeigen.

Ich werde niemanden mit guten Ratschlägen belästigen, es sei denn, sie werden ausdrücklich erbeten.

Ich werde nicht viel reden, erst recht nicht von mir selbst.

Ich werde nicht mit meinem früheren guten Aussehen oder meinen Erfolgen bei den Damen prahlen.

Ich werde einige gute Freunde bitten, mich darauf hinzuweisen, wenn ich diese Grundsätze vernachlässige oder breche. Dann will ich mich dementsprechend bessern und nicht aufhören, nach diesen Grundsätzen zu leben, auch wenn es mir unmöglich vorkommen sollte.

Jonathan Swift ist 78 Jahre alt geworden.

Es lohnt sich zu leben, weil wir nur einmal leben

Wenn ich mein Leben noch einmal leben würde ...
... dann würde ich viel mehr Fehler machen. Ich würde entspannen. Ich würde viel verrückter sein als in diesem Leben. Ich würde mehr Risiken eingehen. Ich hätte mehr echte Probleme und weniger eingebildete. Ja, ich hatte in meinem Leben schöne Momente, und wenn ich noch einmal leben dürfte, hätte ich mehr davon. Ich würde bei den ersten Frühlingsstrahlen barfuß gehen. Ich würde vieles einfach schwänzen. Ich würde öfter in der Sonne liegen ...

Diese Zeilen stammen nicht aus einem psychologischen Ratgeber oder einer Predigt, sondern aus einer Anzeige für Motorräder. Mir gefallen diese Gedanken. Natürlich kann man sein Leben nicht noch einmal leben – dieses zweite, klügere, bessere Leben, das muss man jetzt beginnen, mitten in dem einen, alten.

Im Geist aufsteigen in eine höhere Warte und von dort aus sein Leben betrachten – das ist gut und gesund.

Das geht übrigens auch ohne Motorrad. Nur etwas Abstand braucht man, Abstand von sich und den scheinbar so zwingend wichtigen Dingen, die unseren Alltag bestimmen.

Martin Sage

Lebe deinen Traum!

Das Erfolgsgeheimnis von „What to do with the Rest of your life“

Wann wollen wir beginnen, unser Leben zu leben, wenn nicht jetzt? Martin Sage weiht uns ein in die Kunst der Selbstverwirklichung: Er zeigt auf anschauliche Weise, wie wir unsere einzigartige Begabung leben und innere sowie äußere Unabhängigkeit erlangen können – und wie einfach es letztlich ist, ein erfülltes Dasein zu führen, in dem jeder Tag einen persönlichen Gewinn bedeutet.

Knaur
MensSana

Peter Prange

It's my life

Anleitung zum Selber-Leben

Peter Prange macht Mut, auf unsere innere Stimme zu hören und unseren eigenen Weg zu suchen, einen Weg, der für uns selbst der richtige ist, ganz egal, was die anderen sagen oder denken. Ein unterhaltsamer und hintergründiger Erfolgs-Kurs! So populär wie Dale Carnegie, so intelligent und geistreich wie Paul Watzlawick.

Knaur Taschenbuch Verlag

Vom Autor des Bestsellers „Die Egoisten-Bibel“

Josef Kirschner

Die Spiele des Lebens

Wer kämpft, hat schon verloren

Immer besser, immer schneller, immer weiter. Wir kämpfen und mühen und rackern uns ab, halten eisern an unseren Vorsätzen fest. Doch wenn wir das Leben als Spiel begreifen, geht vieles leichter. Wir sparen uns Ärger und Stress, wenn wir unseren Alltag spielerischer angehen. Denn wer spielt, darf auch mal verlieren, ohne gleich sein Gesicht zu verlieren. Mit vielen praktischen Übungen, wie man siegt, ohne zu kämpfen.

Knaur Taschenbuch Verlag